Klaus Lindörfer

Die moderne Schachschule in 30 Lektionen

Vom Anfänger
zum Turnierspieler

Mosaik Verlag

Hinweise für den Benutzer

Die einzelnen Züge der Figuren werden in Tabellenform notiert. Die Züge von Weiß stehen links, die Züge von Schwarz stehen rechts. Ein Zugpaar (je ein Zug von Weiß und von Schwarz) ist – wenn mehrere Züge notiert werden – numeriert.

Die Auflösung der Übungen finden Sie im Anhang ab Seite 115.
Die Auflösung der Testaufgaben finden Sie im Anschluß an die gestellte Aufgabe.

+	Schach!
‡	schachmatt!
!	ein guter Zug!
?	ein schlechter Zug!
1 ...	Es folgt der Zug von Schwarz, der weiße Zug ist bereits geschehen.
o. ä.	(oder ähnlich): statt dem angeführten Zug sind auch andere Gegenzüge möglich. Falls die Lösung sinngemäß erkannt wurde, ist die Aufgabe richtig gelöst.

Schutzumschlaggestaltung: Hendrik van Gemert
Schutzumschlagfoto: Tancred Rath
Layout und Diagramme: Johann Gaßner GmbH

Gesamtherstellung Mohndruck Graphische Betriebe GmbH, Gütersloh

ISBN 3-570-01112-7

Inhalt

Vorwort 6

Schachspielen ist keine Zauberei! 8

Einführung 10

Schach, was ist das eigentlich? (Lektion 1) 10 – Worum geht es bei diesem Spiel? Warum ist gerade dieses Spiel so beliebt? 11

Spielregeln 12

Die Notation der Züge (Lektion 2) 12 – Der König (Lektion 3) 12 – Die Dame (Lektion 4) 14 – Schlagen und Schachbieten, das Matt und das Patt (Lektion 5) 14 – Mattsetzen mit König und Dame (Lektion 6) 17 – Der Turm (Lektion 7) 19 – Der Läufer (Lektion 8) 20 – Der Springer (Lektion 9) 22 – Die Aufstellung der Figuren (Lektion 10) 23 – Die Bauern (Lektion 11) 24 – Die Rochade (Lektion 12) 29 – Der Tauschwert der Steine (Lektion 13) 30

Testprogramm »Spielregeln« 32

Eröffnung 48

Allgemeine Eröffnungstheorie (Lektion 14) 48 – Verschiedene Strategien in der Eröffnung (Lektion 15) 54 – Der Zentrumsangriff (Lektion 16) 55 – Zwei abschreckende Beispiele (Lektion 17) 56

Testprogramm »Eröffnung« 57

Kombinationsspiel 66

Der Doppelangriff (Lektion 18) 66 – Die Gabel (Lektion 19) 67 – Die Fesselung (Lektion 20) 68 – Angriff gegen den unrochierten König (Lektion 21) 69 – Angriff gegen die Rochadestellung (Lektion 22) 70 – Das fehlende Luftloch (Lektion 23) 71 – Das Abzugsschach (Lektion 24) 73 – Ersticktes Matt (Lektion 25) 74 – Angriff gegen eine Schutzfigur (Lektion 26) 74

Testprogramm »Kombinationsspiel« 76

Positionsspiel 88

Das Lavieren (Lektion 27) 88 – Schwächung der gegnerischen Figurenkräfte (Lektion 28) 91 – Der Abtausch (Lektion 29) 92 – Der Raum im Schach (Lektion 30) 92

Testprogramm »Positionsspiel« 94

Abschluß-Testprogramm 105

Auflösungen des Abschluß-Testprogramms 111

Schlußwort 114

Anhang (Auflösungen der Übungen) 115

Vorwort

Es gibt eine große Anzahl klassischer Schach-Lehrbücher für Anfänger: sie vermitteln die Spielregeln, führen Eröffnungen an und bringen kommentierte Übungspartien. Daneben gibt es Schachkurse in Form von programmierten Lehrbüchern. Beide Methoden haben Vor- und Nachteile – dieses Buch kann man als eine Kombination aus beiden Methoden und als eine Weiterentwicklung betrachten.
Die »klassische Methode« erinnert an die Wissensvermittlung eines Lehrers in der Schule. Beim Lernen nach dem Buch fehlt aber der Lehrer, der Fragen stellen und von Zeit zu Zeit kontrollieren kann, ob der Schüler alles verstanden hat. Diesen Nachteil vermag die »programmierte Lehrmethode« auszuschalten, weil der Lernende hier selbst mit Hilfe des Programms seinen Wissensstand kontrolliert.
Doch nicht selten erweist es sich als schwierig oder unmöglich, einen Sachverhalt in programmierter Form zu erläutern und dem Anfänger verständlich zu machen. Dann sind wir gezwungen, auf die klassische Methode zurückzugreifen.
Die »operative Lehrmethode«, d. h. die Erläuterung eines Sachverhalts am praktischen Beispiel, hat nach den Erkenntnissen der Lernpsychologie eine Reihe von Vorteilen. Soweit ein Stoff in dieser Form darstellbar ist, wird er anschaulicher, der Lernende bleibt aktiv, ermüdet weniger und wird sich nie langweilen.
Bekannt ist der günstige Einfluß der Gruppendynamik auf den Lernenden. Unsere Methode ist gut geeignet für das Lernen zu zweit, in Gruppen und in Schachkursen. Der Stoff wird gemeinsam erarbeitet – im Spiel. Man motiviert sich gegenseitig, nicht nur, weil jeder etwas lernen will, sondern weil jeder gewinnen will. Aber auch dem Alleinlernenden ist dieses Buch nützlich. Zweckmäßig ist es, daß jeder Lernende ein Exemplar besitzt, sonst genügt ein Buch für je zwei Spieler, die sich gegenübersitzen. Beide bauen zusammen die Stellungsbilder (Diagramme) auf, einer nimmt die weißen, der andere die schwarzen Steine. Der eine liest die Aufgabentexte vor, während der andere die Züge ausführt. Gemeinsam werden dann die Lösungen erarbeitet (siehe Anhang Seite 115). Nach jeder Lektion sollte ein Rollentausch vorgenommen werden. In analoger Form läßt sich die Methode mit Lehrer und Schüler – und auch allein – verwenden.
Der Lernende sollte bereits ganze Schachpartien zu spielen beginnen, sobald er die Spielregeln beherrscht. Er braucht zunächst nur darauf zu achten, daß er nicht in »materiellen« Rückstand gerät, also keinen schlechten Figurentausch macht.

Nach jedem Abschnitt ist ein Testprogramm eingebaut; damit wird der Stoff vertieft, dem Lernenden werden weiteres Anschauungsmaterial und Kontrollmöglichkeiten gegeben. Bei diesen Aufgaben sind ein oder mehrere »Schlüsselzüge« zu finden. Beim späteren Vergleich mit der Auflösung geht dann stets hervor, ob die Lösung sinngemäß richtig ist. Eventuelle Alternativen sind ebenfalls angeführt, von denen jedoch manche nur als halb richtig (= ½) zu bewerten sind.

Klaus Lindörfer

Schachspielen ist keine Zauberei!

Sie denken, Schach ist ein schwieriges Spiel?
Sie meinen, Schachzüge sind undurchschaubar?

Geben Sie uns die Chance, das Gegenteil zu beweisen!

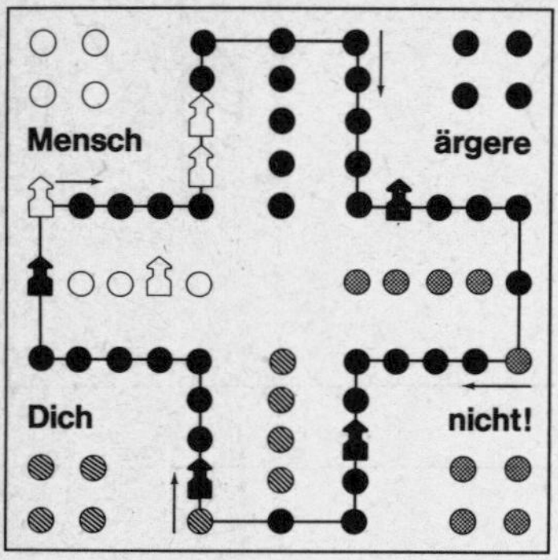

Schwarz will das rettende Ziel erreichen. Die roten Verteidiger scheinen jedoch ein schier unüberwindliches Hindernis. Geht der schwarze Stein an ihnen vorbei, so haben die zahlenmäßig überlegenen Verteidiger gute Chancen ihn zu werfen. Und alleine kann er nicht gegen drei Feinde aufkommen.
Deshalb heckt er einen raffinierten Plan aus: Er holt zwei Kollegen zur *Verstärkung* herbei. Mit vereinten Kräften versuchen sie dann die Verteidiger aus dem Weg zu räumen.
Nicht anders ist es im Schachspiel. Angriffs- und Verteidigungsstrategien haben denselben Grundgedanken: eine zahlenmäßige Überlegenheit zu schaffen, um dann die Verteidiger auszuschalten.
Sie haben den Einwand, »Mensch ärgere Dich nicht« sei ein Glücksspiel und außerdem zu einfach, um Vergleiche zu ziehen. Nun gut. Nehmen wir das Fußballspiel. Viele Sportwissenschaftler und hochbezahlte Trainer haben es sich zur Lebensaufgabe gemacht, die Strategien zu ergründen.

Abbildung 1:
Die Verteidiger haben die Mitte gut abgeschirmt. Rot spielt deshalb zu seinem Flügelstürmer, der auf der Seite einen Durchbruch unternimmt. Ein Verteidiger und der Libero versuchen ihn rechtzeitig abzufangen.

Abbildung 2:
Da sich zwei der Verteidiger um den Flügelstürmer kümmern müssen, gelingt es dem Mittelstürmer sich freizuspielen. Der

Linksaußen flankt, der Mittelstürmer setzt sich ein, trifft und – Tor!

Abbildung 1:

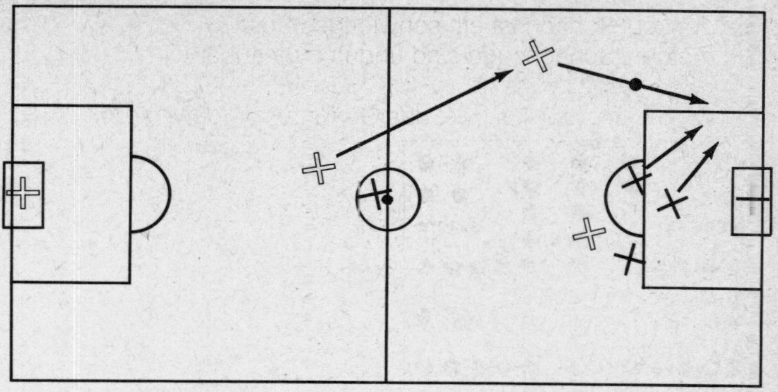

Abbildung 2:

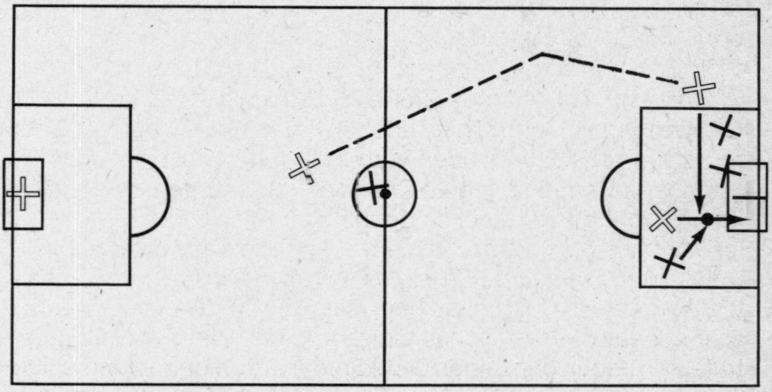

Ganz analog können wir einen Angriff im Schachspiel analysieren: Ist der König gut verteidigt, so wird der Stratege nicht frontal angreifen, sondern einen seitlichen Durchbruch versuchen. Die Folge ist, der Gegner muß einige Verteidiger zum neuen Krisenherd abziehen, wonach die Angreifer des Königs an Kraft gewinnen.

Fazit: Das Schachspiel ist leicht zu erlernen und doch viel reizvoller als die meisten anderen Spiele. Denn:

> Kein Spiel übertrifft es an Vielfalt.
> Nichts ist dem Zufall überlassen.
> Niemand wird es je mit letzter Perfektion beherrschen!

Einführung

Schach, was ist das eigentlich? Lektion 1

Gespielt wird auf dem Schachbrett, einem quadratischen Brett mit 64 abwechselnd weißen und schwarzen Feldern. Das Schachbrett wird so zwischen beide Spieler gelegt, daß jeder zur rechten Hand ein weißes Feld vorfindet.

Diagramm 1:

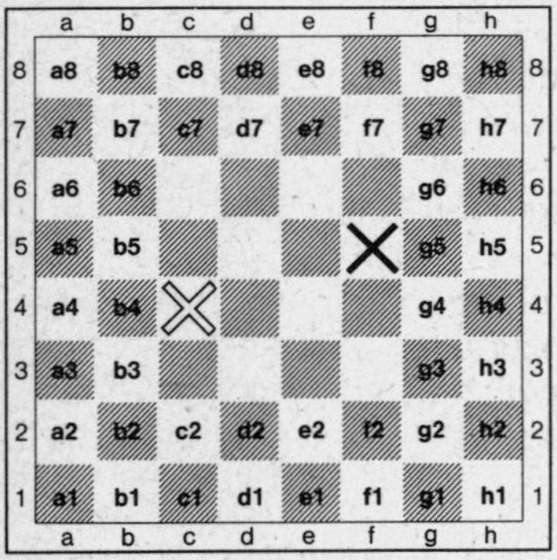

Die Bezeichnung der Felder

Die waagrechten Felderreihen erhalten die Namen a, b, c, d, e, f, g, h-Linie. Die senkrechten Felderreihen werden mit 1. 2. 3. 4. 5. 6. 7. 8. Reihe bezeichnet. Jedes Feld ist der Schnitt einer Linie mit einer Reihe. So erhält z. B. das Feld rechts oben den Namen h8, links unten a1. Man beginnt also mit dem Buchstaben. Jedes Feld ist damit eindeutig bezeichnet.

Übung 1: Wie heißt das in Diagramm 1 mit ✕ markierte, wie das mit ✕ markierte Feld?

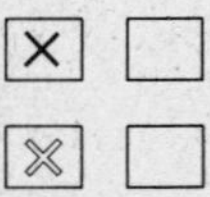

Die Auflösungen der Übungen finden Sie im Anhang ab Seite 115.

Sollte eine Beschriftung des Schachbretts noch nicht erfolgt sein, so sollte dies jetzt geschehen. Am linken Rand des Schach-

bretts bringen wir die Ziffern von 1–8 an, am unteren Rand die Buchstaben a–h (siehe Diagramm 1).
Gespielt wird mit 2 x 16 Steinen, den Schachfiguren, die auf den Feldern des Schachbretts aufgestellt werden. Jeder Spieler zieht abwechselnd eine Figur nach bestimmten Regeln.

Worum geht es bei diesem Spiel?

Die 16 Figuren eines jeden Spielers bestehen aus dem *König* mit seiner Streitmacht. Der König ist die größte Figur im Spiel. Das höchste Ziel ist es, den König des Gegners gefangenzunehmen, mattzusetzen, ohne vorher den eigenen preiszugeben.
Die Schachfiguren haben also die Aufgaben:
1. Den gegnerischen König mattzusetzen
2. Den eigenen König zu beschützen

Methoden, diese Ziele zu erreichen – sogenannte Strategien – sind:
1. Der direkte Angriff auf den König (»Königsangriff«)
2. Der indirekte Angriff

Letzterer hat zum Ziel, durch die Eroberung gegnerischer Steine – möglichst ohne die eigenen einzubüßen – zunächst einmal die Kampfkraft des Gegners zu schwächen (»materiellen Vorteil« erringen), um den entblößten König dann umso wirkungsvoller angreifen zu können.

Übung 2: Eine wirksame Strategie ist es, mit einem indirekten Angriff ________________ zu erringen, um dann mit einem direkten Königsangriff den geschwächten König ______________.

Warum ist gerade dieses Spiel so beliebt?

Schach ist ein Kampfspiel. Schon an der Sprache wird der Leser erkannt haben, daß es im Ursprung ein Abbild des Krieges war, man denke an die Ausdrücke »Streitmacht« und »den König gefangennehmen«. Tatsächlich wurde das Spiel vor weit mehr als 1000 Jahren in Indien erfunden und die Original-Figuren stellten das damalige indische Heer dar. Trotzdem werden auch erklärte Pazifisten das Spiel schätzen lernen, denn wie könnten Kämpfe schöner und friedlicher ausgefochten werden als bei diesem »königlichen Spiel«? Schach beflügelt die Phantasie, fördert die Konzentration und das logische Denken. Seinen erzieherischen Wert erkennen heute alle Pädagogen an. Nicht umsonst ist es heute in vielen Ländern in Ost und West fester Bestandteil des Schulunterrichts geworden.

Lektion 2

Die Notation der Züge

Grundvoraussetzung um sich über das Geschehen auf dem Schachbrett unterhalten zu können, ist eine kurze prägnante Darstellung der Züge. Ein Zug wird gekennzeichnet durch den Anfangsbuchstaben der geführten Figur, dem Ausgangsfeld und dem Zielfeld des Zuges. Zum Beispiel heißt **Kb2–b3**: »Der König zieht von b2 nach b3«.

Diagramm 2:

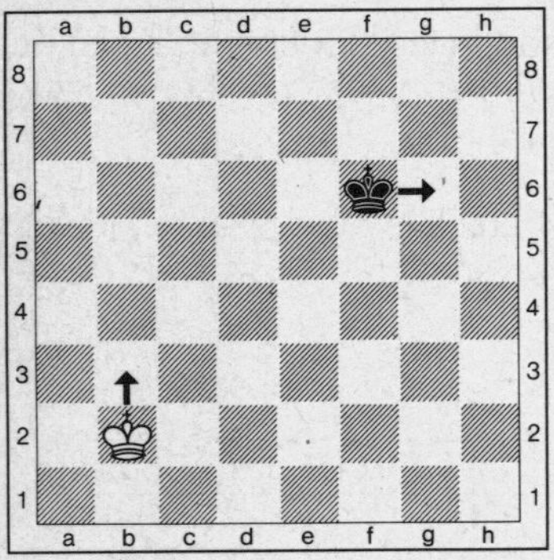

Notation der Züge:	Weiß	Schwarz
1.	**Kb2–b3**	

Übung 3: Wie heißt der in Diagramm 2 markierte Zug des schwarzen Königs? Notieren Sie Ihre Antwort in das obenstehende leere Kästchen.

Lektion 3

Der König (K)

Beginnen wir mit der Kernfigur des Schachspiels, mit dem König. Der König wird, wie auch die anderen Figuren, in den verschiedensten Formen hergestellt und ist mitunter von der Dame nur schwer zu unterscheiden. Die höchste Figur ist der König, die zweithöchste die Dame.
Nehmen wir einen König zur Hand und stellen wir ihn mitten auf das Schachbrett.

Diagramm 3:

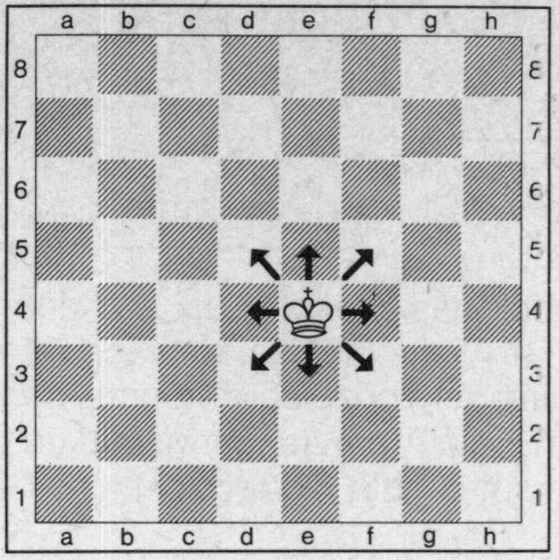

Der König zieht ein Feld gerade oder schräg

Der König zieht gerade oder schräg in jeder Richtung. Er ist damit zwar wendig, aber langsam. Wird er gejagt, so kann er kaum enteilen.

Übung 4: Wir stellen Diagramm 4 auf. Die Könige laufen jeweils in die Ecke des anderen. Welcher König braucht weniger Züge? Weiß beginnt.

Diagramm 4:

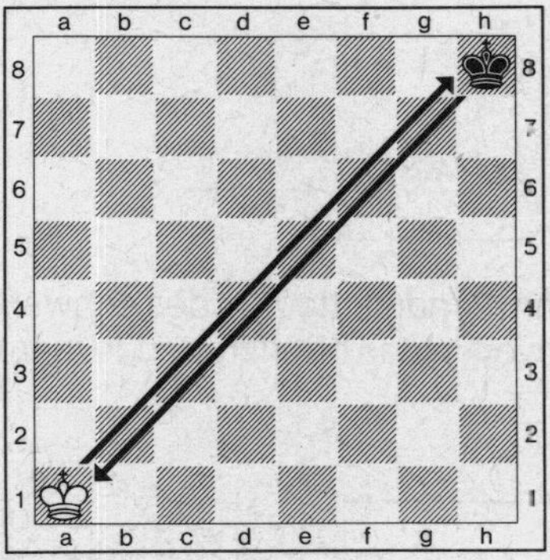

	Weiß	Schwarz
1.		
2.		
3.		
4.		
5.		
6.		
7.		
8.		
9.		

Weiß am Zug

Achten Sie darauf, daß Sie kein Feld betreten, das der Gegner kontrolliert.

Die Dame (D) ♛

Lektion 4

Die Dame ist die zweitgrößte Figur mit einer Krone an der Spitze. Sie wird mit D abgekürzt. Die Dame zieht geradeaus und diagonal in jeder Richtung, und zwar beliebig weit – im Gegensatz zum König.

Diagramm 5:

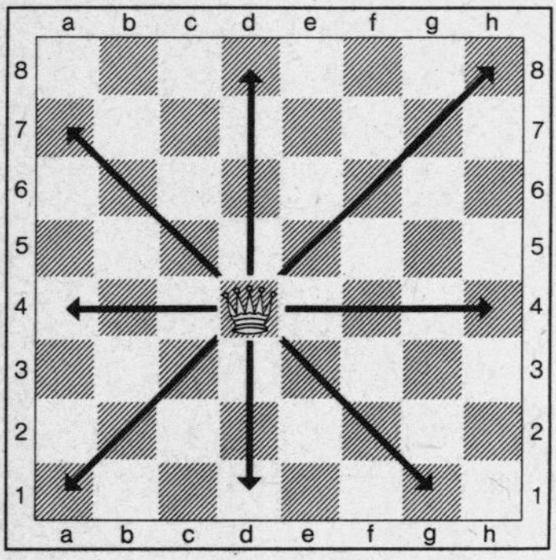

Die Dame zieht gerade und schräg

Sie ist schnell und wendig, ja sie ist sogar von allen Figuren die mit der größten Kraft! Sie kann jedes Feld des Schachbretts in höchstens zwei Zügen erreichen.

Übung 5: Spielen Sie die Dame in zwei Zügen von d4 nach h3!

1. Dd4–☐

2. D☐**–h3**

Schlagen und Schachbieten, das Matt und das Patt

Lektion 5

Wir müssen an dieser Stelle einige Begriffe einführen. Es mag sein, daß diese im Augenblick ein wenig verwirrend erscheinen. Wenn Sie sich nicht alles auf Anhieb merken können, so ist dies kein Beinbruch. Bald sind Ihnen die Begriffe vertraut.
»Schlagen«: Steht eine Figur in der Schußbahn einer anderen des Gegners, so kann sie geschlagen werden. Dies geschieht, indem man sie wegnimmt und die schlagende Figur an deren Stelle setzt – wie bei dem Brettspiel »Mensch ärgere Dich nicht«.

Diagramm 6:

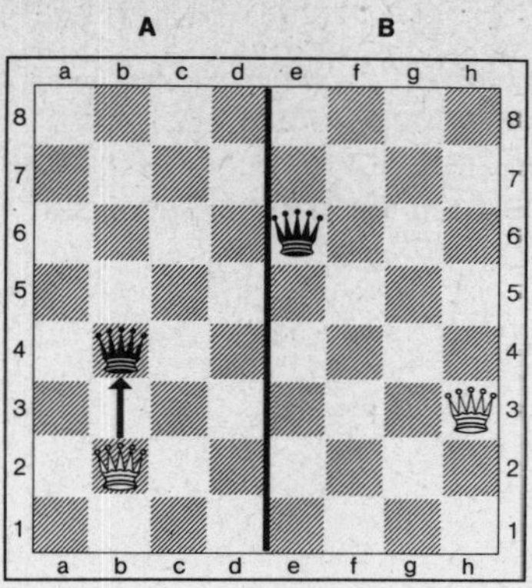

Weiß	Schwarz
Db2xb4	

In Diagramm 6 heißt das Zeichen **x**, daß Db2 die Figur auf b4 schlägt. Ein Zug ohne Schlagwirkung wird mit dem Zeichen **–** symbolisiert (**Db2–c1**).

Übung 6: Tragen Sie unter der rechten Hälfte von Diagramm 6 den Zug ein, mit dem Schwarz die weiße Dame schlägt.

»Schach bieten«: Zieht ein Stein so, daß er im nächsten Zug den gegnerischen König schlagen könnte, so spricht man von einem Schachgebot (Diagramm 7).

Diagramm 7:

Die schwarze Dame bietet Schach

Der Schachbietende warnt seinen Gegner mit den Worten: »Der König steht im Schach!« oder einfach »Schach!« Der Angegriffene muß seinen König unbedingt retten, da er andernfalls die Partie verloren hätte. Man notiert den Vorgang mit einem stehenden Kreuz hinter dem Zug: **+**, also etwa **Db4–a3+** (»Die Dame zieht von b4 nach a3 und bietet dem König Schach«).

Übung 7: Wie kann der weiße König in den Beispielen von Diagramm 7 dem Schach der schwarzen Dame entkommen?

	A	B	C	D
Weiß rettet sich mit				

Mißachtet ein Spieler ein Schachgebot, so macht er einen unmöglichen Zug, den er zurücknehmen und durch einen korrekten ersetzen muß. Dies gilt für alle unmöglichen, d. h. nicht regelgerechten Züge.
»Schachmatt« oder kurz »matt«: Ein Spieler ist schachmatt, wenn er ein Schachgebot des Gegners in keiner Weise mehr abwehren kann (z. B. in Diagramm 7/D). Der Mattsetzende wird zum Sieger erklärt und erhält einen Punkt. Ein Schachmatt ist gekennzeichnet mit dem Symbol »‡« hinter dem letzten Zug.

Übung 8: Man prüfe in Diagramm 8 in allen drei Fällen nach, ob sich Schwarz durch Flucht, durch Schlagen der schachbietenden Figur oder Zwischenziehen eines Steins retten kann. Tragen Sie gegebenenfalls in die Kästchen das Symbol für das Schachmatt ein!

Diagramm 8:

Schwarz am Zug:

»Patt«: Im Beispiel 8/C hatte der schwarze König keinen Zug mehr. Schachmatt konnte er aber nicht sein, denn er stand ja nicht einmal im Schach. Schwarz ist patt, weil es keine Zugmöglichkeit mehr gibt ohne in ein Schach zu laufen – und dies wäre ein unmöglicher Zug.
Die Partie wird unentschieden (remis) gewertet; jedem der Spieler wird ein halber Punkt zugeschrieben.

Diagramm 9:

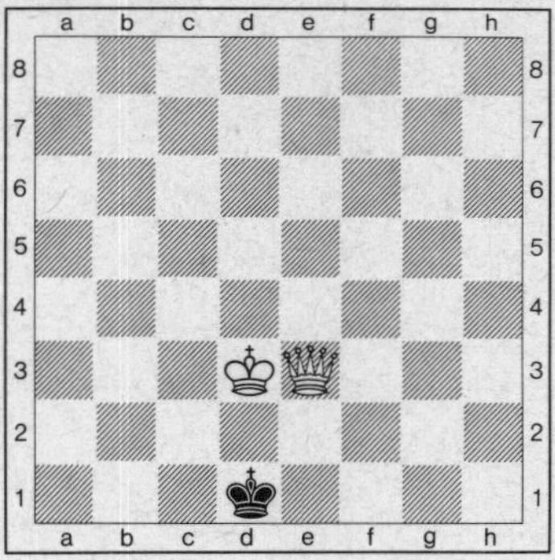

Schwarz ist ______________

Übung 9: Tragen Sie unter dem Diagramm 9 das fehlende Wort ein. Der Partieausgang ist ___________

Mattsetzen mit König und Dame

Lektion 6

Stellen wir uns vor: Wir haben durch gutes Spiel die Figuren des Gegners erobern können, übrig blieb nur der schutzlose König. Auf unserer Seite stehen noch König und Dame. Eine günstige Lage also, doch bevor wir den Sieg an unsere Fahnen heften dürfen, müssen wir den andern noch mattsetzen. Hierzu erarbeiten wir uns eine recht einfache Technik.
Sehen Sie zunächst noch einmal in Diagramm 8A und 8B nach, welche Stellung unsere Figuren zu diesem Zweck einnehmen sollen. Aber bitte vermeiden Sie die Stellung 8C! Wo läßt sich wohl der König am ehesten mattsetzen, am Brettrand oder in der Mitte? Ganz klar am Rand, denn dort stehen ihm auf natürliche Weise nur noch wenige Fluchtfelder zur Verfügung. Die ganze Technik besteht also darin, den König mit der Dame an den Rand zu treiben, dann den eigenen König herbeizuholen und eines der Mattbilder aus Diagramm 8A oder 8B zu realisieren.

Beispiel: Um zu sehen, wie dies in der Praxis funktioniert, bauen Sie bitte die Stellung in Diagramm 10 auf Ihrem Schachbrett auf.

Diagramm 10:

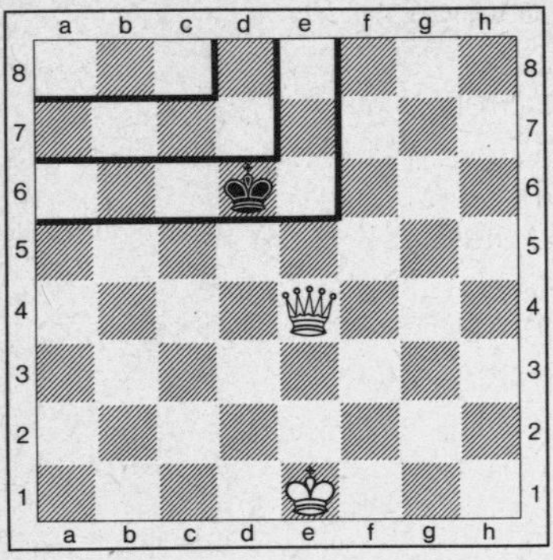

Diagramm 11:

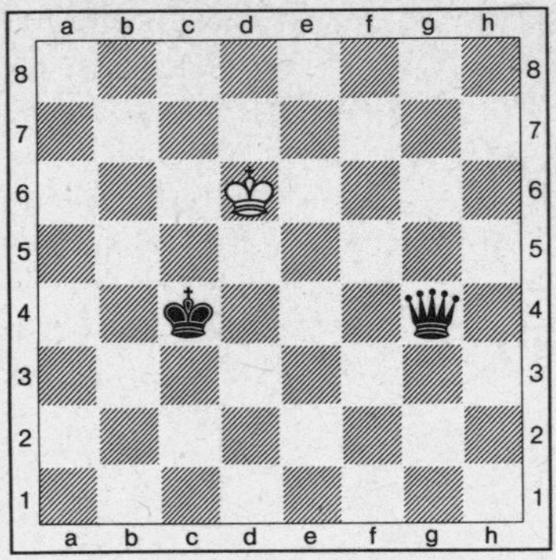

Weiß am Zug. Die Linien verdeutlichen die systematische Einschnürung des schwarzen Königs

	Weiß	Schwarz
1.	**De4–f5**	

Die Dame sperrt die 5. Reihe und die e-Linie (Diagramm 10).

1.	**. . .**	**Kd6–c6**

Die drei Punkte in der Spalte von Weiß bedeuten, daß der weiße Zug bereits ausgeführt worden ist.

2.	**Df5–e5**	**Kc6–d7**
3.	**De5–f6**	

Die Dame sperrt die 6. Reihe.

3.	**. . .**	**Kd7–c7**
4.	**Df6–e6**	**Kc7–b7**
5.	**De6–d6**	**Kb7–a8**
6.	**Dd6–d7**	

Die Dame sperrt die 7. Reihe und nagelt den König damit auf einer Randlinie fest. Jetzt ist der Zeitpunkt gekommen, den König zu Hilfe zu holen! Ganz schlecht wäre 6. **Dd6–c7** gewesen, wonach der schwarze König patt gewesen wäre!

6.	**. . .**	**Ka8–b8**
7.	**Ke1–d2**	

Auf keinen Fall weiter mit der Dame nachrücken: 7. **Dd7–c7** Patt!

7.	**. . .**	**Kb8–a8**	
8.	**Kd2–c3**	**Ka8–b8**	
9.	**Kc3–b4**	**Kb8–a8**	
10.	**Kb4–b5**	**Ka8–b8**	
11.	**Kb5–b6**	**Kb8–a8**	König und Dame stehen bereit.

Übung 10: Wie kann Weiß im nächsten Zug mattsetzen?

12. ______

Hinweis: Es gibt 5 verschiedene Lösungen!

Übung 11: Bauen Sie die folgende Stellung auf:

Weiß: Kd6 (d. h. der weiße König steht auf d6).
Schwarz: Kc4, Dg4. (Diagramm 11 siehe Seite 18)

Schwarz am Zug soll das Schachmatt geben. Ahmen Sie mit jedem Zug die oben angeführte Technik nach!

Auch wenn Sie die Technik noch nicht perfekt beherrschen, sollten Sie nun im Text weitergehen und sich die nächste Lektion vornehmen. Nach und nach werden Sie mit der Führung der Schachfiguren vertrauter werden.

Der Turm (T) ♜ Lektion 7

Der Turm zieht geradeaus, in jede Richtung und beliebig weit (Diagramm 12).

Diagramm 12:

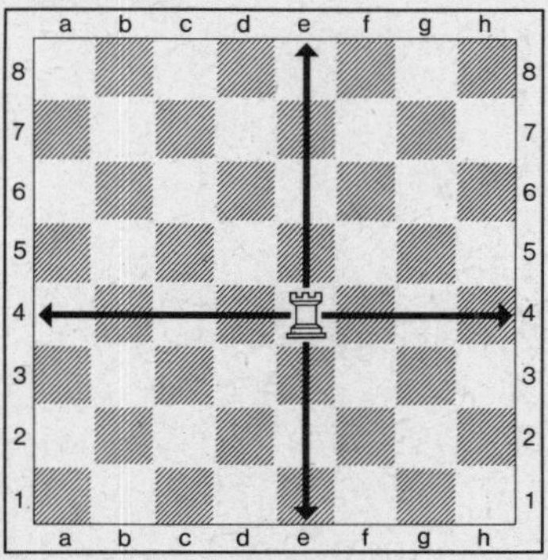

Der Turm zieht geradeaus. Er ist damit ebenso schnell wie die Dame, aber weniger wendig. Seine Abkürzung ist T (Diagramm 12: Te4).

Übung 12: Wie kann Weiß in den Diagrammen 13 und 14 auf der folgenden Seite Schach bieten?

Diagramm 13:

Diagramm 14:

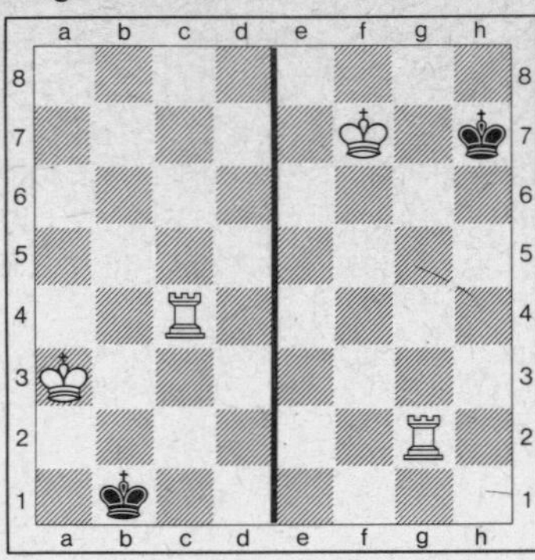

Weiß zieht
_______ +
oder
_______ +

Weiß zieht
_______ +
oder
_______ +

Weiß zieht
_______ +
oder
_______ +

Weiß zieht
_______ +
oder
_______ +

Wenn Sie einen dieser Züge für besonders schlecht halten, so setzen Sie hinter dessen Notation ein Fragezeichen, wenn er besonders gut ist, ein Ausrufezeichen.

Lektion 8

Der Läufer (L)

Der Läufer zieht schräg (diagonal) in jeder Richtung und beliebig weit (Diagramm 15).

Diagramm 15:

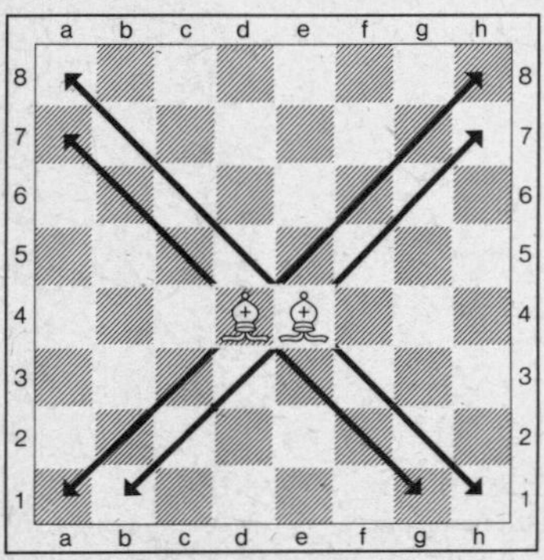

Der Läufer bewegt sich auf den Diagonalen

Damit ist er schnell, aber viel weniger wendig als die Dame. Er ist auch schwächer als der Turm, weil er sich nur auf Feldern einer Farbe bewegen kann. So bewegt sich der Läufer d4 in Diagramm 15 nur auf den schwarzen Feldern, der Le4 nur auf den weißen Feldern. Zu Beginn der Partie besitzt jeder Spieler einen »weißfeldrigen« und einen »schwarzfeldrigen« Läufer, beide zusammen nennt man cas »Läuferpaar«.

Übung 13: Die Kraft eines Läufers zeigt der Lh3 in Diagramm 16.

Diagramm 16:

Weiß am Zug erobert die gegnerische Dame mit den Zügen:

1. [ ] [ ]
2. [ ]

Übung 14: Wie stark zwei Läufer sind, wenn sie gemeinsam wirken, zeigt das Diagramm 17.

Diagramm 17:

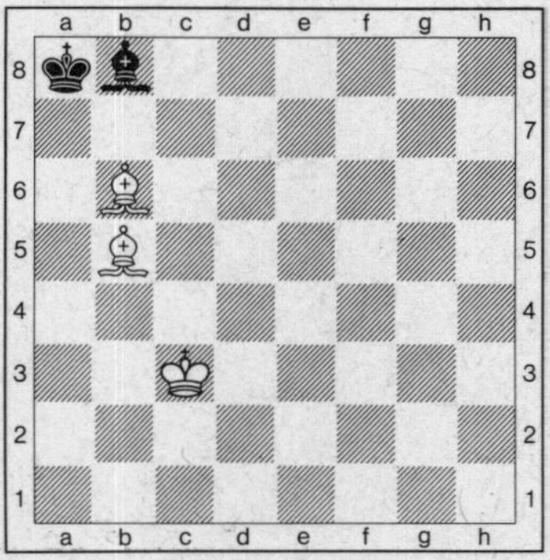

Weiß am Zug setzt schachmatt mit dem Zug:

1. [ ] +

Übung 15: Von den Läufern in Diagramm 17 nennt man
den Lb5 einen ________________-feldrigen Läufer,
den Lb6 einen ________________-feldrigen Läufer,
den Lb8 einen ________________-feldrigen Läufer.

Der Springer (S)

Lektion 9

Der Springerzug hat die Form eines großen L:

Diagramm 18:

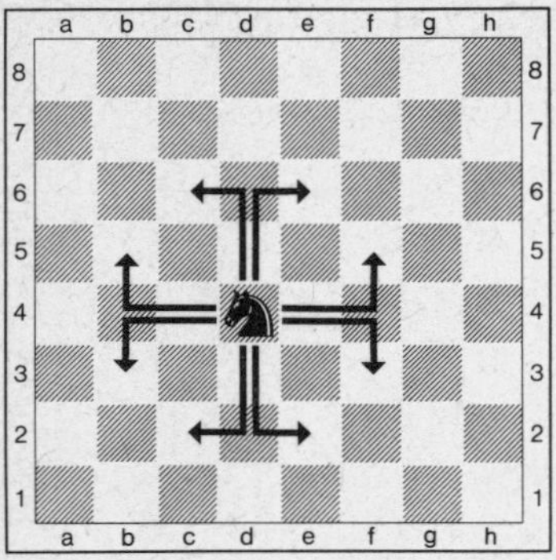

Der Springer wird auch Pferd, Roß, Reiter genannt.

Seine Bewegung »zwei Felder geradeaus und ein Feld seitwärts in beliebiger Richtung« mutet an wie der Lauf eines Hasen, der Haken schlägt. Das Einzigartige am Springer ist aber, daß er über Freund und Feind hinwegspringen darf. Eine übersprungene Figur ist nicht geschlagen. Steht auf dem Feld, auf dem der Springer landet, eine Figur, ist diese geschlagen.

Diagramm 19:

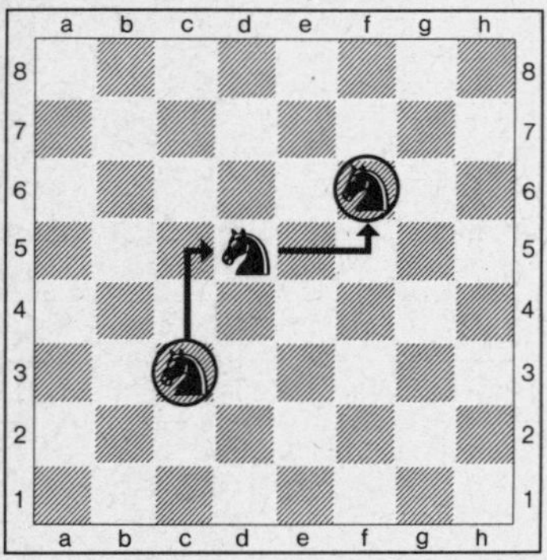

Der Springer strebt von c3 nach f6

1. **Sc3–d5**
2. **Sd5–f6**

Diagramm 20:

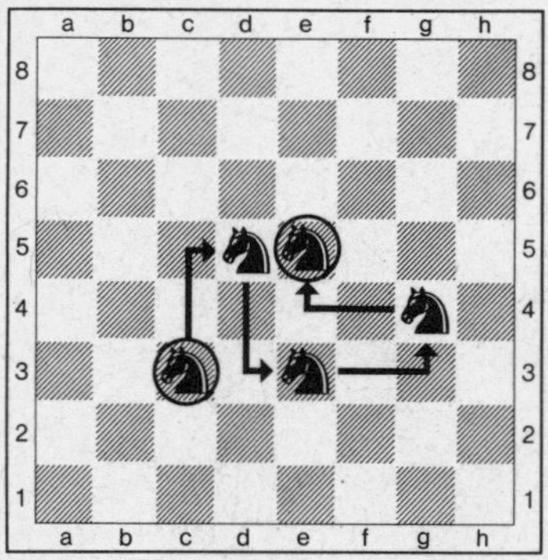

Der Springer strebt von c3 nach e5

1. **Sc3–d5**
2. **Sd5–e3**
3. **Se3–g4**
4. **Sg4–e5**

Um das Feld f6 zu erreichen, benötigt der Springer also 2 Züge. Das vergleichsweise näherliegende Feld erreicht er dagegen frühestens in 4 Zügen! Eine paradoxe Feststellung, die schon vermuten läßt, welch »unberechenbare« Waffe der Springer im Kampf sein kann.

Übung 16: Dieselbe Überführung des Springers in Diagramm 19 und 20 ist auf verschiedene Weise realisierbar. Suchen Sie nach einer zweiten Lösung! Im zweiten Fall ist der erste Zug angegeben.

1. **Sc3–** ______
2. **S** ______ **–f6**

1. **Sc3–a2**
2. **Sa2–** ______
3. **S** ______
4. **S** ______ **–e5**

Übung 17: Überführen Sie die beiden Springer jeweils in die andere Ecke, d. h. Sa1 nach h8 und Sh8 nach a1. Schwarz und Weiß ziehen abwechselnd. Weiß beginnt.
Achtung: Setzen Sie den Springer nicht auf ein Feld, auf dem er geschlagen werden kann!

Diagramm 21:

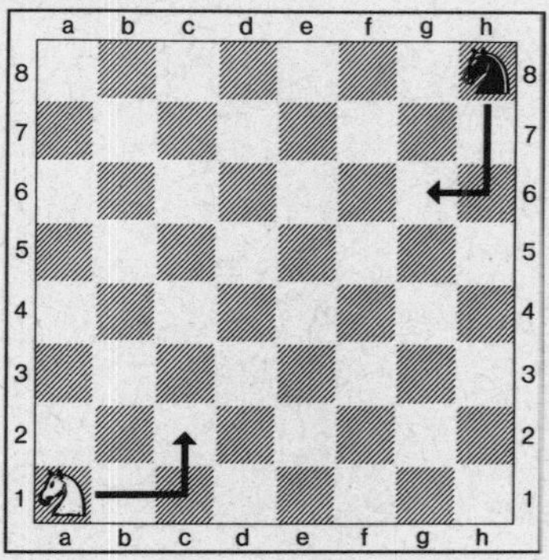

	Weiß	Schwarz
1.	**Sa1–c2**	**Sh8–g6**
2.		
3.		
4.		
5.		
6.		
7.		
8.		

Weiß am Zug: **Sa1–h8**
Schwarz: **Sh8–a1**

Die Aufstellung der Figuren — Lektion 10

König, Dame, Turm, Läufer und Springer werden auf den Reihen 1 (Weiß) bzw. 8 (Schwarz) aufgestellt. Die Türme werden dabei

– getreu ihrem Namen – an den Bretträndern postiert, es folgen Springer und Läufer. Um Dame und König richtig zu stellen, merken wir uns: Die **D**ame gehört nach **d**; also bleibt für den König nur noch das Feld e. Die übrigen 8 Steine, die Bauern, werden entlang der 2. bzw. 7. Reihe vor die eigenen Figuren gestellt. Sie bilden gleichsam einen schützenden Wall, der die dahinter befindlichen Figuren vor unmittelbarer Bedrohung schützt.

Diagramm 22:

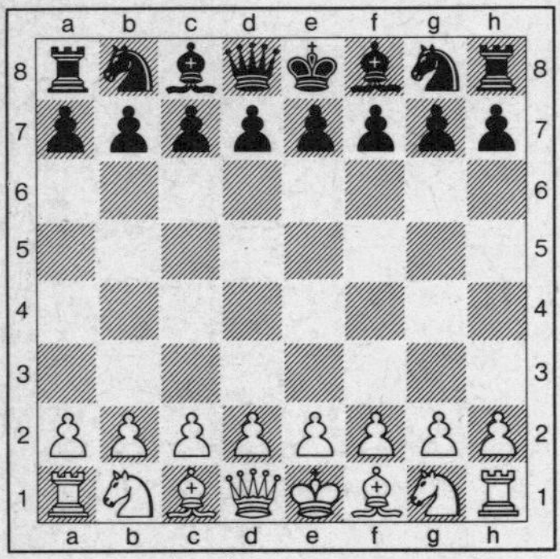

Aufstellung der Schachfiguren vor Beginn der Partie.
Weiß am Zug

Übung 18: Stellen Sie ohne Diagramm 22 zu Hilfe zu nehmen die Figuren von Weiß und Schwarz auf. Achten Sie darauf, daß König und Dame richtig zu stehen kommen!

Die Bauern ♟ Lektion 11

Bei der Notation von Bauernzügen wird der Anfangsbuchstabe B weggelassen. Ein Zug, vor dem also kein Großbuchstabe steht, ist stets ein Bauernzug (z. B. **e2–e4**).

Der Bauer darf sich – im völligen Gegensatz zu allen anderen Steinen – nur vorwärts bewegen. Für ihn gibt es also kein Zurück; daher sind Bauernzüge besonders sorgfältig abzuwägen.

Die Gangarten Ziehen und Schlagen sind unterschiedlich!

Der Bauer zieht ein Feld geradeaus vorwärts. Er schlägt aber eine gegnerische Figur nur, wenn sie auf dem nächstgelegenen diagonalen Feld steht. Befindet sich eine Figur auf dem Feld, das

gerade vor dem Bauern liegt, so versperrt sie diesem den Weg. Sie kann nicht geschlagen werden!
Eine Besonderheit: Von seinem Ausgangsfeld auf der 2. bzw. 7. Reihe darf er wahlweise ein oder zwei Felder nach vorn ziehen. Diese Sonderregel begünstigt einen schnellen Aufmarsch der Streitmacht.

Diagramm 23:

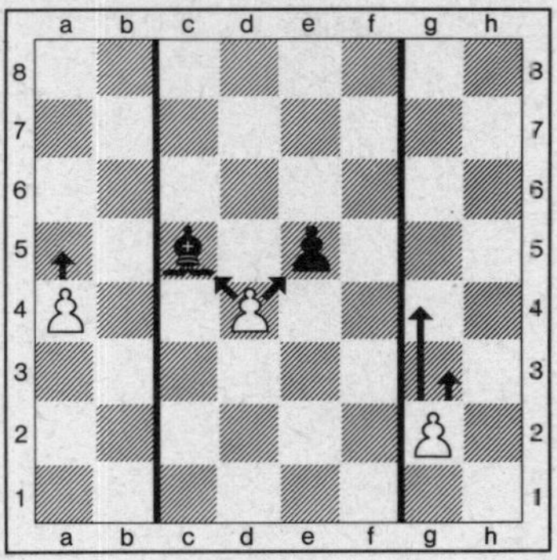

Ziehen:	Schlagen:	Ausgangsstellung:
a4–a5	**d4xe5** oder **d4xc5**	**g2–g3** oder **g2–g4**

Diagramm 24:

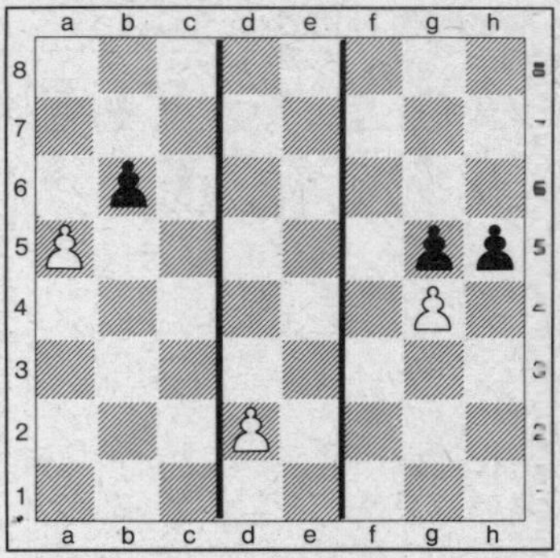

Übung 19: Notieren Sie in Diagramm 24 alle möglichen weißen Bauernzüge.

Zwei weitere Zusatzregeln müssen wir uns für den Bauern merken. Das Schlagen »im Vorbeigehen« oder das Schlagen »en passant« (man benutzt meist die international gebräuchliche französische Ausdrucksweise) kommt in folgender Situation zur Anwendung:
Ein weißer Bauer steht auf der 5. Reihe (Diagramm 25, linke Hälfte). Ein ihm benachbarter gegnerischer Bauer rückt von seinem Ausgangsfeld zwei Felder nach vorn, kommt also direkt neben dem weißen Bauern zu stehen (schwarzer Pfeil). Der weiße Bauer darf dann seinen Nachbarn im nächsten Zug (später nicht mehr!) so schlagen, als wäre dieser nur ein Feld nach vorne gerückt. Er stellt sich also auf die 6. Reihe und entfernt den schwarzen Bauern (siehe Pfeile).
Ebenso gilt die Regel natürlich mit vertauschten Farben. Einen solchen Zug kennzeichnet man mit einem **»e. p.«** hinter der Notation. In Diagramm 25 hieße dies:

Diagramm 25:

Weiß **a5xb6 e.p.**

Schwarz **g4xf3 e.p.**

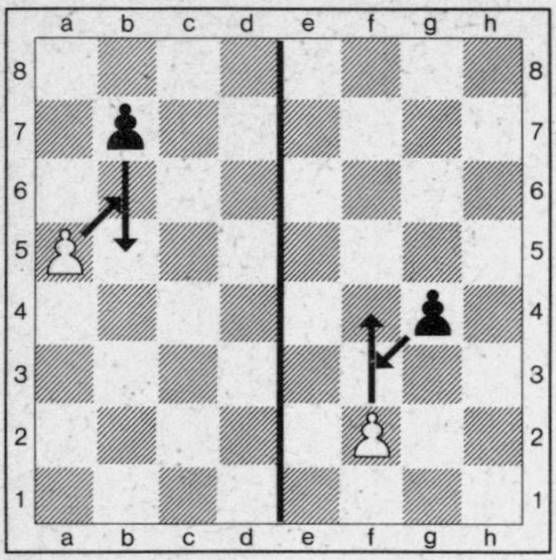

Schlagen »en passant«: Der Doppelschritt des Bauern darf hier mit dem Schlagen »im Vorbeigehen« beantwortet werden

Wie immer bezeichnet das erste Feld (a5) das Ausgangsfeld, das zweite Feld (b6) das Zielfeld der Figur.

Wir fassen zusammen: Schlagen e.p. ist gestattet, wenn ein Bauer nach einem Doppelschritt direkt neben einem gegnerischen Bauern zum Stehen kommt.

Übung 20: Kreuzen Sie die richtigen Aussagen an! Das Schlagen en passant ist nur richtig:

☐ im nächsten und übernächsten Zug

☐ im nächsten Zug

☐ wenn der gegnerische Bauer 2 Felder vorgerückt ist

☐ wenn der gegnerische Bauer 1 Feld vorgerückt ist

Übung 21: In welchen der folgenden Fälle ist das Schlagen »en passant« nach den gültigen Regeln zulässig? Führen Sie den »en passant«-Schlag aus und prüfen Sie, welche Stellung danach entsteht!

Diagramm 26:

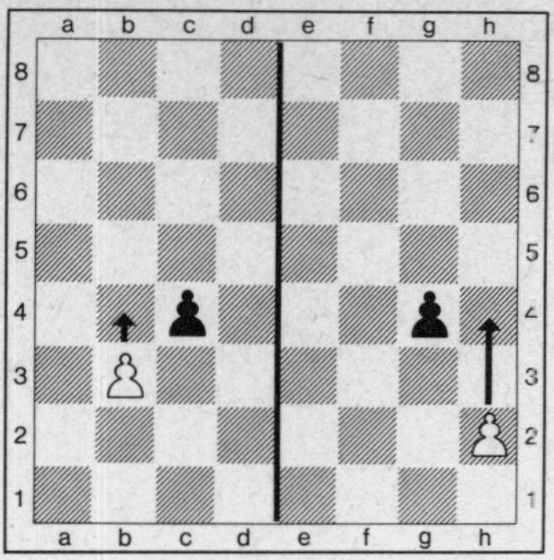

Weiß	Schwarz	Weiß	Schwarz
b3–b4	**c4xb3 e.p.**	**h2–h4**	**g4xh3 e.p.**
	☐ richtig ☐ falsch		☐ richtig ☐ falsch

Das Schlagen »en passant« kann ausgeführt werden, muß aber nicht. Würde man damit in eine ungünstige Lage gebracht werden, so wird man das Schlagen unterlassen. Wozu diese Sonderregel? Bestimmt nicht, um es dem Lernenden schwer zu machen. Als das Schachspiel erfunden wurde, tat man alles, um es so spannend wie möglich zu machen. Gäbe es die En-passant-Regel nicht, so könnte ein Spieler den Doppelschritt des Bauern dazu mißbrauchen, sich an den anrückenden feindlichen Fußsoldaten vorbeizumogeln. Die Folge könnte eine Art Schachtelstellung sein (Diagramm 27), in der ein interessanter Kampf unmöglich geworden wäre. Die En–passant-Regel vermeidet also diese Gefahr!

Diagramm 27:

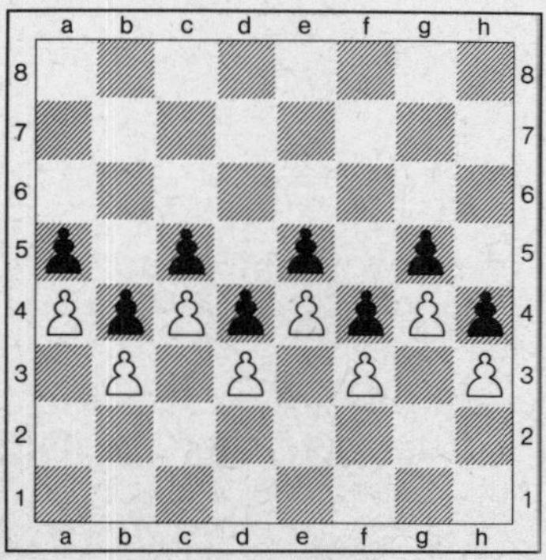

Die letzte Zusatzregel ist jetzt kein Problem mehr. Denken wir daran, daß der Bauer nur vorwärts ziehen darf, so stellt sich die Frage, was geschieht, wenn der Bauer am anderen Ende des Schachbretts angekommen ist? Scheidet er aus? Nein! Die Erfinder haben eine Regel eingeführt, die den Bauern für seinen Vormarsch reich belohnt: Er darf sich in eine beliebige Figur – mit Ausnahme des Königs – verwandeln. Sinnvoll ist die Umwandlung in die kampfkräftigste Figur, im allgemeinen also die Dame. Die gewünschte Figur muß sofort eingesetzt werden. Auf diese Weise kann es geschehen, daß z. B. mehrere Damen einer Farbe im Spiel sind! Einen Umwandlungszug kennzeichnet man mit dem Anfangsbuchstaben der eingesetzten Figur hinter dem Zug, also etwa **g7–g8D**.

Diagramm 28:

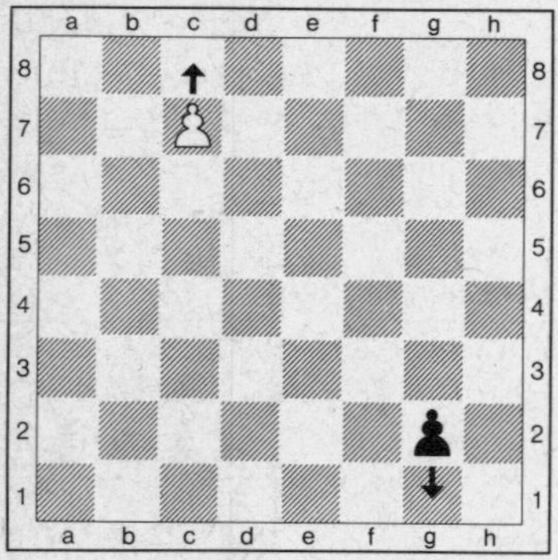

Umwandlung eines Bauern. An die Stelle des Bauern tritt jeweils die Dame gleicher Farbe

Weiß	Schwarz
c7–c8D	**g2–g1D**

Übung 22: Weiß hat einen Bauern bis auf die vorletzte Reihe vorgezogen. Auf welche drei Arten kann er ihn in eine Dame umwandeln? Kreuzen Sie den Ihrer Ansicht nach besten Zug an!

Diagramm 29:

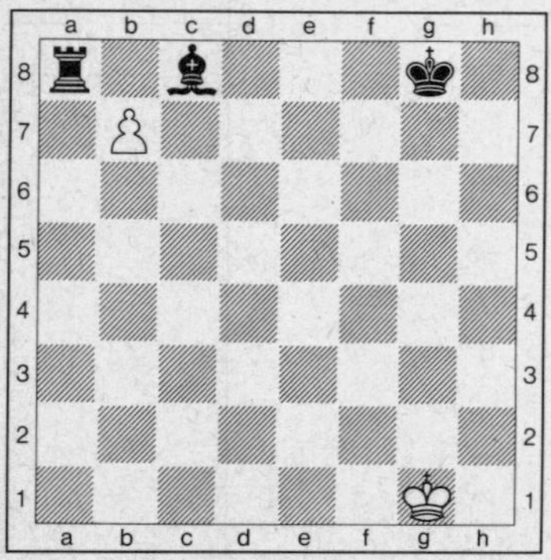

Weiß wandelt einen Bauern um

a ______ ☐

b ______ ☐

c ______ ☐

Die Rochade

Lektion 12

Wir kommen zur letzten Spielregel, zur Rochade. Bei all unseren Angriffsplänen wird die Sicherheit des eigenen Königs eine wichtige Rolle spielen. Im Kampfgetümmel würde er gefährlichen Bedrohungen ausgesetzt sein. Ohne Zweifel stünde er am sichersten in einer abgelegenen Ecke, möglichst noch von einer Leibwache aus Bauern umgeben. Um seine Sicherstellung zu erleichtern und damit den Kampfbeginn zu beschleunigen, haben die Erfinder des Schachspiels eine Sonderregel eingeführt: die »Rochade«.

Ist der Platz zwischen dem Königsfeld und dem Feld eines Turmes freigemacht (Diagramm 30), so dürfen König und Turm einen Doppelzug ausführen. Dies geschieht so, daß die Stellung wie in Diagramm 31 entsteht. Der Zug, der die Stellung in der linken Diagramm-Hälfte bewirkt, heißt »lange Rochade«, der Zug in der rechten Hälfte des Diagramms »kurze Rochade«. Folgende Schreibweise wird gebraucht: Kurze Rochade 0–0. Lange Rochade 0–0–0.

Diagramm 30:

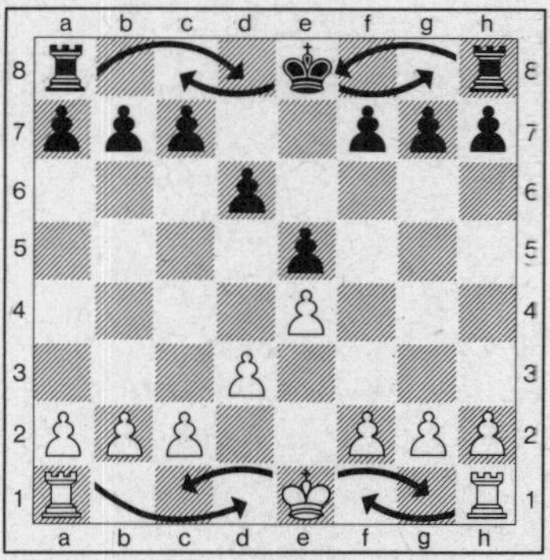

Weiß und Schwarz stehen bereit, auf eine der beiden Seiten zu rochieren

Diagramm 31:

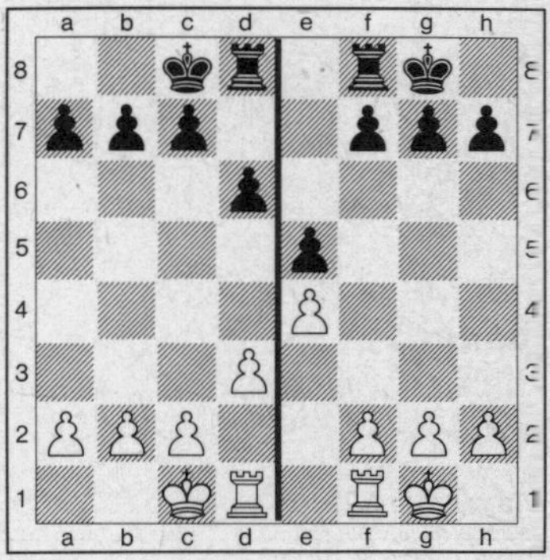

Stellung nach der langen Rochade

Stellung nach der kurzen Rochade

Kurze Rochade		Schreibweise
Weiß:	**Ke1–g1** und **Th1–f1**	0–0
Schwarz:	**Ke8–g8** und **Th8–f8**	0–0

Lange Rochade		Schreibweise
Weiß:	**Ke1–c1** und **Ta1–d1**	0–0–0
Schwarz:	**Ke8–c8** und **Ta8–d8**	0–0–0

Am einfachsten merken wir uns die Durchführung der Rochade so, daß der Turm an den König heranzieht und der König sich dann auf das andere Feld neben dem Turm setzt.
In einigen Fällen ist die Rochade allerdings nicht gestattet. Die Rochade ist nicht mehr möglich, wenn König oder Turm bereits gezogen worden sind. Die Rochade ist zunächst verhindert, wenn der König im Schach steht oder über ein bedrohtes Feld ziehen muß.
Während im ersten Fall die Rochade überhaupt nicht mehr möglich ist, kann sie in den beiden letzten Fällen zu einem späteren Zeitpunkt nachgeholt werden.

Übung 23: Warum ist in Diagramm 32 keine Rochade möglich?

Diagramm 32:

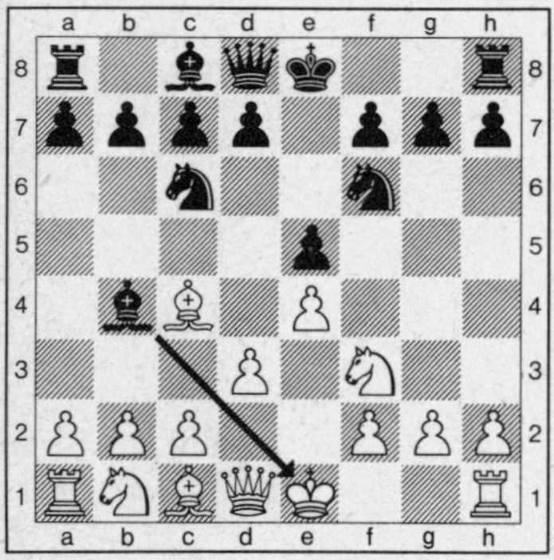

Übung 24: Warum ist in Diagramm 33 keine Rochade möglich?

Diagramm 33:

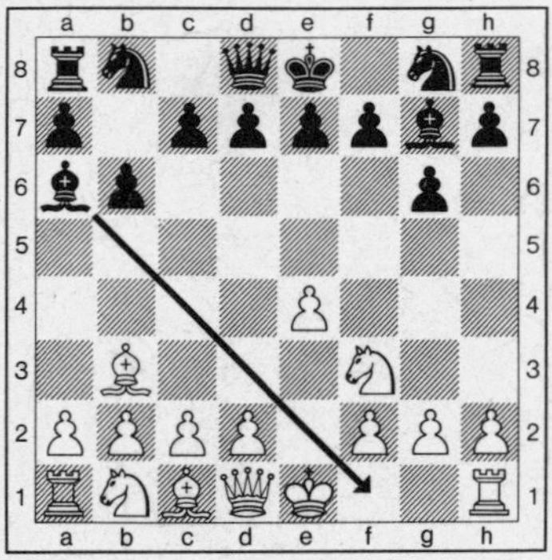

Der Tauschwert der Steine — Lektion 13

Zu Beginn der Schachpartie stehen sich zwei gleichwertige Heere gegenüber. Beide Spieler werden im Lauf der Partie danach trachten, dieses zahlenmäßige Gleichgewicht zu ihren Gunsten zu verschieben. Werden einige Figuren der einen Partei geschlagen, so sollte die Streitmacht des Gegners mindestens im selben Maße schrumpfen.
Wir sprechen von einem »Abtausch«, wenn der eine einen Stein schlägt und der andere als Ersatz einen Stein vom selben Wert schlagen kann. Einen Abtausch braucht man nicht zu fürchten.

Um zu erfahren, in welchen Fällen ein Schlagabtausch wünschenswert ist, vergleichen wir den Wert der einzelnen Figuren

1 Dame = 2 Türme (d. h. die Dame ist soviel wert wie 2 Türme)
1 Turm = 1 Läufer + 2 Bauern
1 Turm = 1 Springer + 2 Bauern
1 Läufer = 1 Springer
1 Läufer = 3 Bauern
1 Springer = 3 Bauern

Die kräftigste Figur mit Ausnahme des lebensnotwendigen Königs ist also die Dame, es folgt der Turm, dann die gleichstarken Läufer und Springer. Für Läufer und Springer benutzt man zuweilen den Oberbegriff »Leichtfigur«, für Turm und Dame »Schwerfigur«. Den Mehrwert eines Turms gegenüber einer Leichtfigur nennt man die »Qualität«.

Übung 25: Weiß am Zug hat drei Möglichkeiten abzutauschen. Welche?

Diagramm 34:

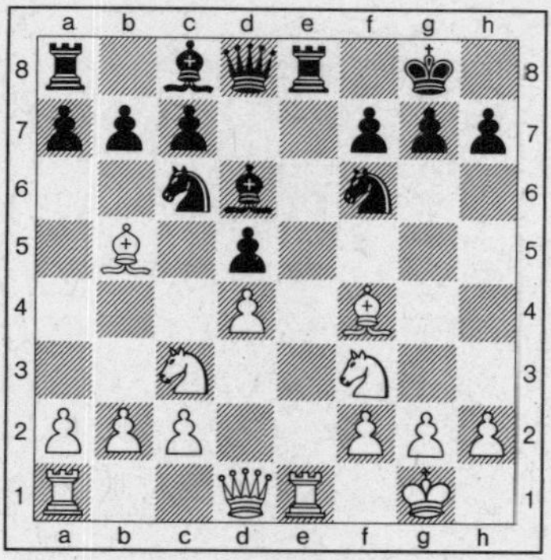

	Weiß	Schwarz
1.		
2.		
3.		

Sie sind soweit! Sie haben das nötige Rüstzeug und können mit dem Spiel beginnen.
Jetzt wollen wir versuchen, die Feinheiten des »königlichen Spiels« zu erfassen. In dem folgenden Testprogramm zum bisher Gesagten wollen wir vorher aber noch einmal überprüfen, ob wir alles verstanden haben.

Testprogramm »Positionsspiel«

Die Aufgaben finden Sie immer auf der rechten Seite (gekennzeichnet mit dem Buchstaben A), die dazugehörenden Auflösungen immer auf der folgenden linken Seite (gekennzeichnet mit dem Buchstaben L). Aufgabe und dazugehörige Auflösung sind gleich numeriert.

A

1. Mit welchen Zügen kann Weiß Schach bieten? Besten Zug ankreuzen!

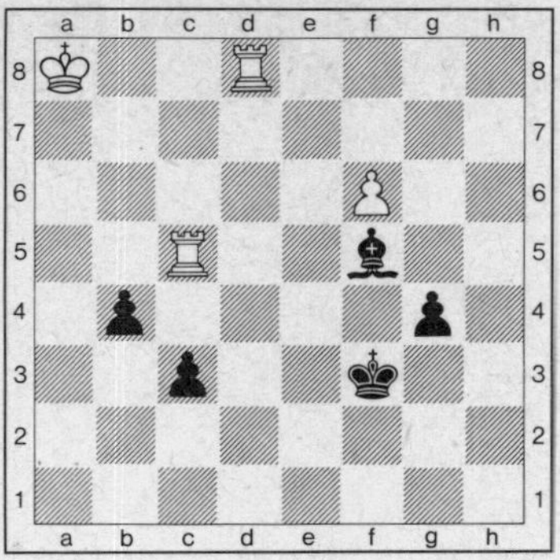

____ + ☐
____ + ☐
____ + ☐

2. Mit welchen Zügen kann Weiß Schach bieten? Besten Zug ankreuzen!

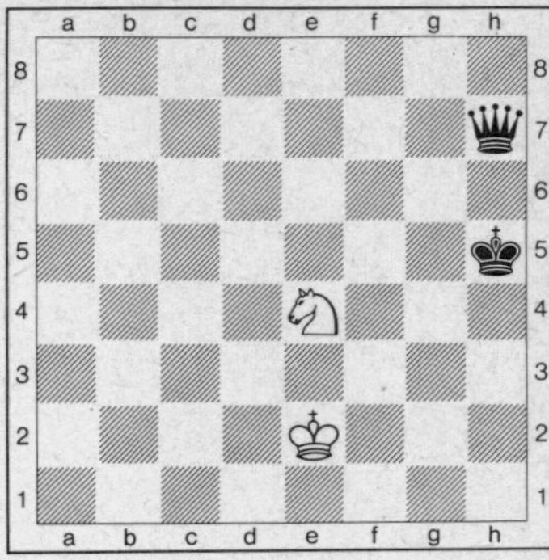

____ + ☐
____ + ☐

3. Auf welchen Feldern kann die weiße Dame Schach bieten? Nicht gutes Schachgebot ankreuzen!

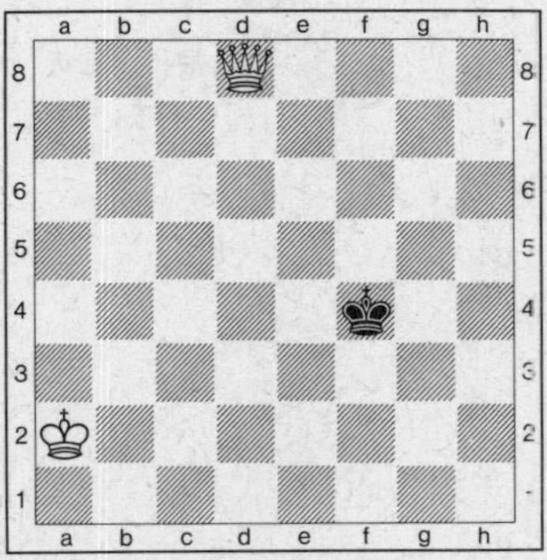

Dd8–____+ ☐ **Dd8–**____+ ☐
Dd8–____+ ☐ **Dd8–**____+ ☐
Dd8–____+ ☐ **Dd8–**____+ ☐
Dd8–____+ ☐
Dd8–____+ ☐
Dd8–____+ ☐

4. Weiße Dame bot Schach. Schwarz hat 3 Züge. Besten Zug ankreuzen!

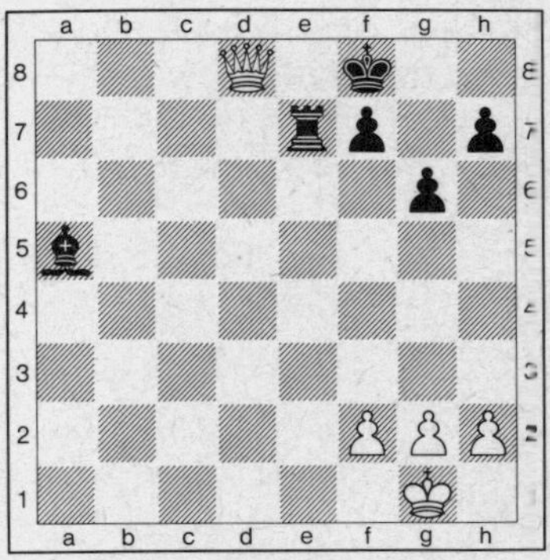

A) Schwarz zieht den König weg: ____ ☐

B) Schwarz zieht dazwischen: ____ ☐

C) Schwarz schlägt die schachbietende Figur: ____ ☐

1.

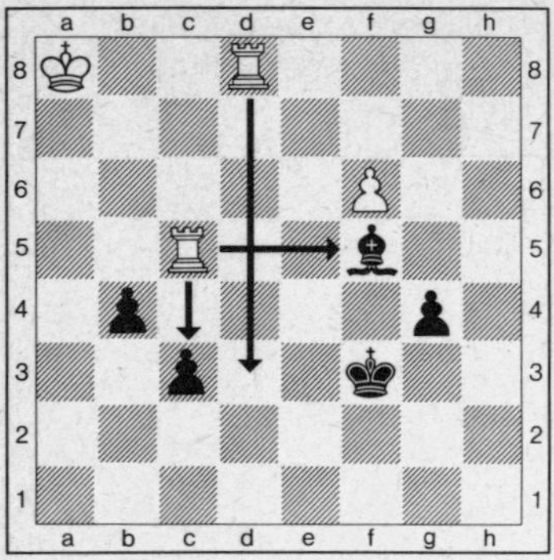

Td8–d3+ Nicht gut. Schwarz erobert Turm: **Lf5xd3.**
Tc5xc3+ Nicht gut. Schwarz erobert Turm: **b4xc3.**
Tc5xf5+ Gut.
Beachten Sie: Die weißen Bauern ziehen »nach oben«, die schwarzen »nach unten«.

2.

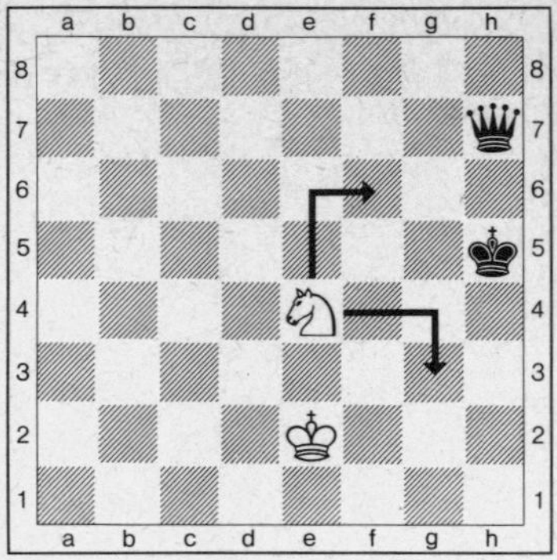

Se4–g3+
Se4–f6+! Sehr gut! Der angegriffene König muß ziehen, so daß Weiß im nächsten Zug die Dame erobern kann!

1. **Se4–f6+**! **Kh5–g6**
2. **Sf6xh7** **Kg6xh7** Remis

3.

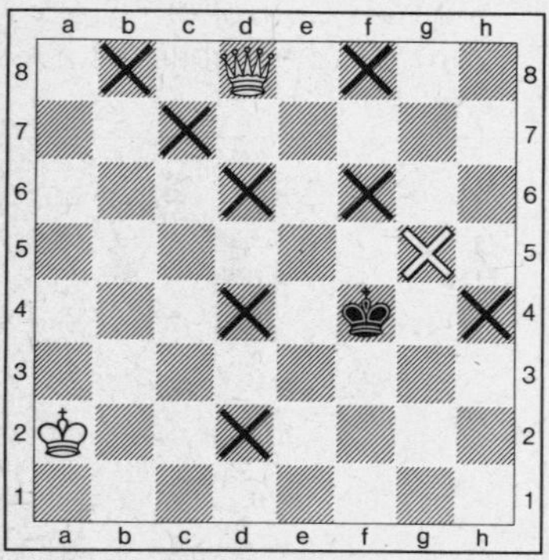

Weiß bietet Schach mit

Dd8–b8+ ☐ **Dd8–d4+** ☐
Dd8–c7+ ☐ **Dd8–d2+** ☐
Dd8–d6+ ☐ **Dd8–f8+** ☐
Dd8–f6+ ☐
Dd8–g5+ ☒
Dd8–h4+ ☐

Auf **Dd8–g5+** folgt **Kf4xg5**.

4.

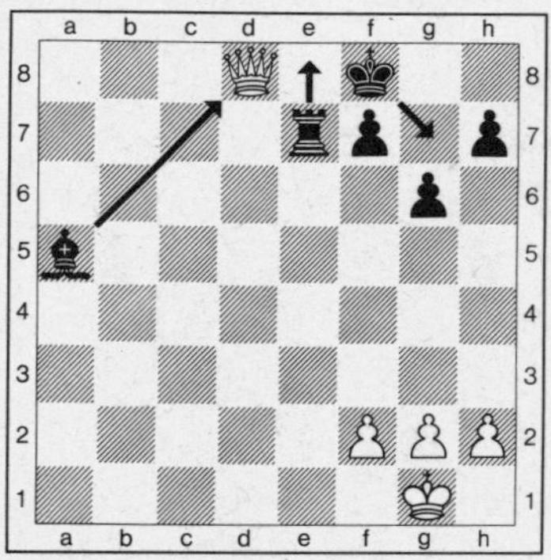

Schwarz rettet sich:

A) **Kf8–g7** ☐
B) **Te7–e8** ☐
C) **La5xd8!** ☒ Am besten.
Schwarz macht die gefährliche weiße Dame unschädlich.

A

5. Matt – Patt – oder kann Schwarz sich retten? Kreuzen Sie die richtige Antwort an!

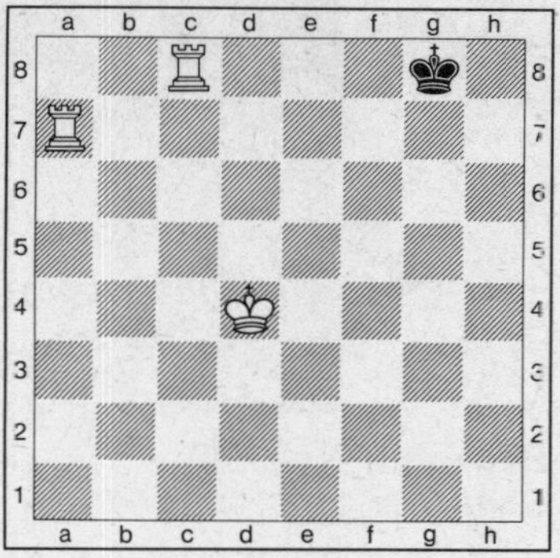

Schwarz am Zug

- ☐ matt
- ☐ patt
- ☐ Schwarz rettet sich mit

6. Matt – Patt – oder kann Schwarz sich retten? Kreuzen Sie die richtige Antwort an!

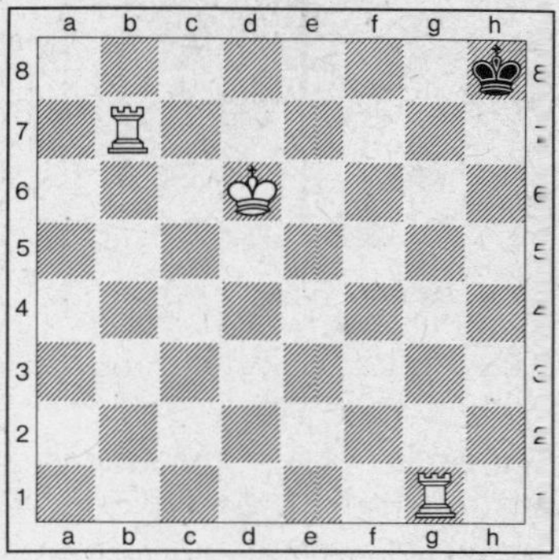

Schwarz am Zug

- ☐ matt
- ☐ patt
- ☐ Schwarz rettet sich mit

7. Matt – Patt – oder kann Schwarz sich retten? Kreuzen Sie die richtige Antwort an!

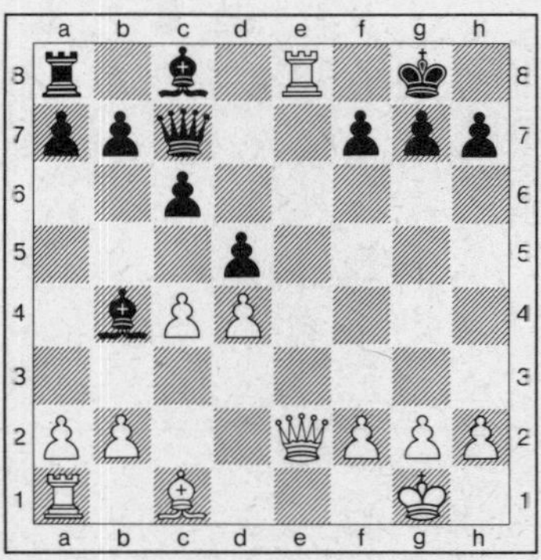

Schwarz am Zug

- ☐ matt
- ☐ patt
- ☐ Schwarz rettet sich mit

8. Matt – Patt – oder kann Schwarz sich retten? Kreuzen Sie die richtige Antwort an!

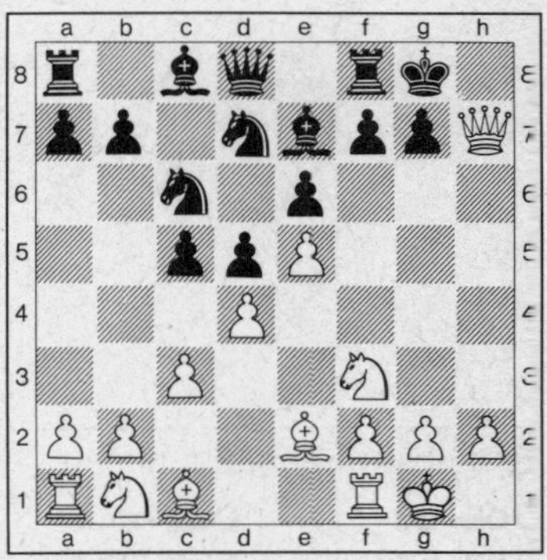

Schwarz am Zug

- ☐ matt
- ☐ patt
- ☐ Schwarz rettet sich mit

5.

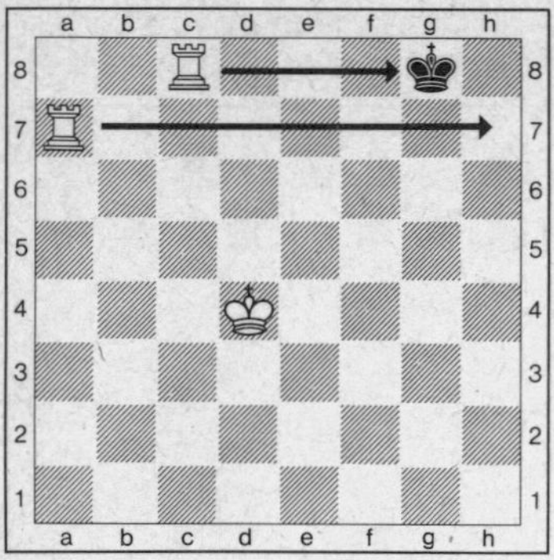

Matt! Die beiden Türme sperren dem König alle Fluchtfelder. Zudem bietet der Tc8 Schach, also kann es kein Patt sein!
Schachmatt bedeutet also: »Schach« und »Matt«.

6.

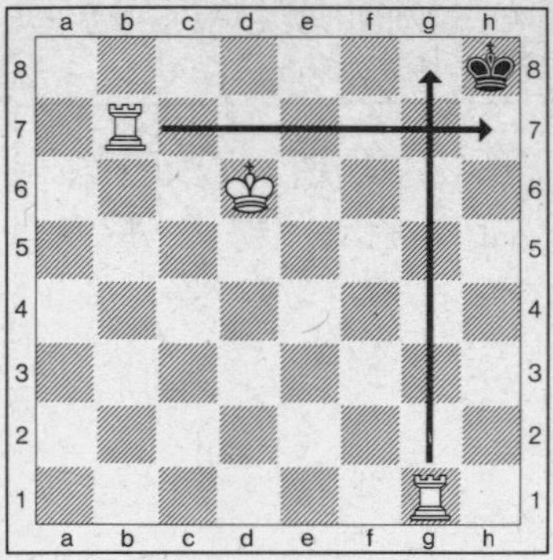

Patt! Die Türme sperren dem König sämtliche Fluchtfelder. Schachmatt kann es aber nicht sein, da keiner der beiden Türme schach bietet. Also Patt! Versuchen Sie bitte den Unterschied zwischen Matt und Patt klarzumachen!

7.

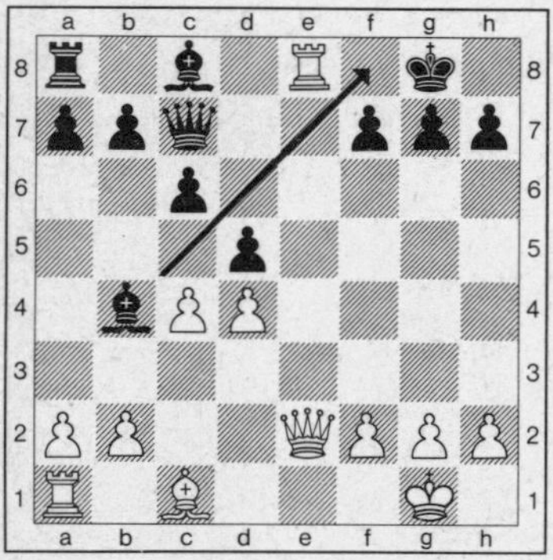

Schwarz rettet sich mit
Lb4–f8.
Der Läufer unterbricht den Angriff des Turms auf den König.

8.

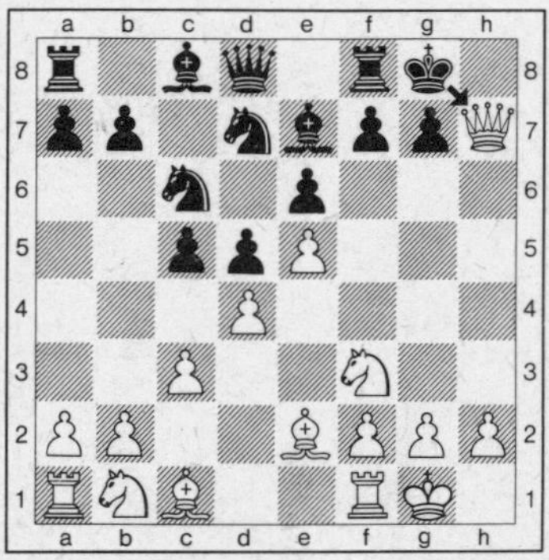

Schwarz rettet sich mit
Kg8xh7.
Der König darf die ungedeckte Dame schlagen.

9. Welche Figuren kann Weiß schlagen und wie beurteilen Sie diese Züge?

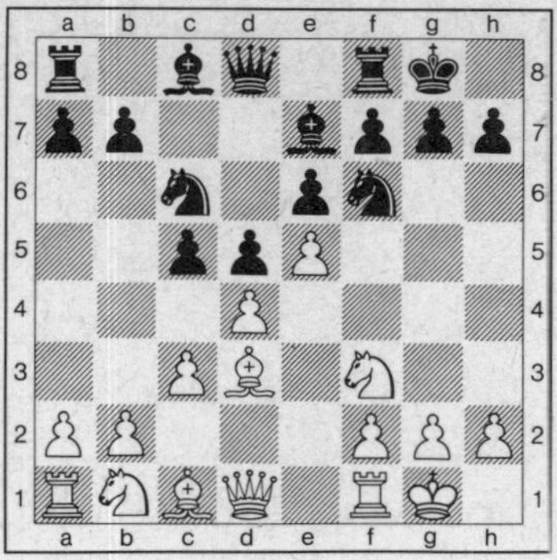

Weiß am Zug

A) [ ] ☐ gut ☐ möglich ☐ schlecht

B) [ ] ☐ gut ☐ möglich ☐ schlecht

C) [ ] ☐ gut ☐ möglich ☐ schlecht

10. Welche Figuren kann Weiß schlagen und wie beurteilen Sie diese Züge?

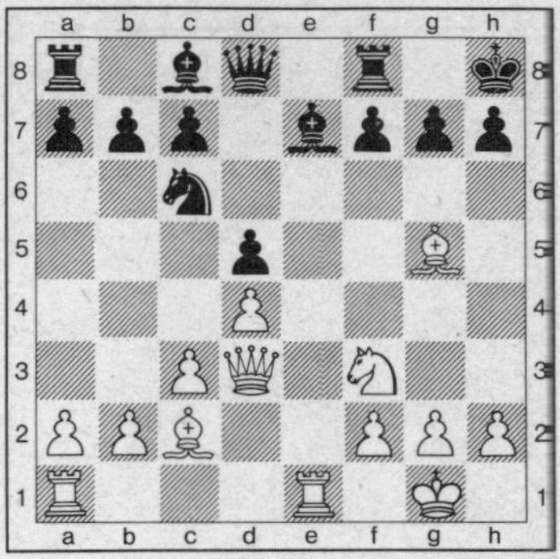

Weiß am Zug

A) [ ] ☐ gut ☐ möglich ☐ schlecht

B) [ ] ☐ gut ☐ möglich ☐ schlecht

C) [ ] ☐ gut ☐ möglich ☐ schlecht

11. Welche Figur kann Weiß am Zuge schlagen?

1. [ ]

12. Mit welcher Figur würden Sie mit Schwarz am Zuge auf e2 schlagen?

1. ... [ ]

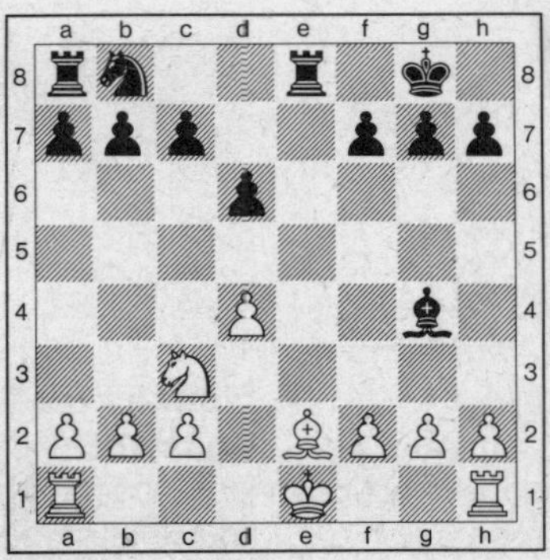

9.

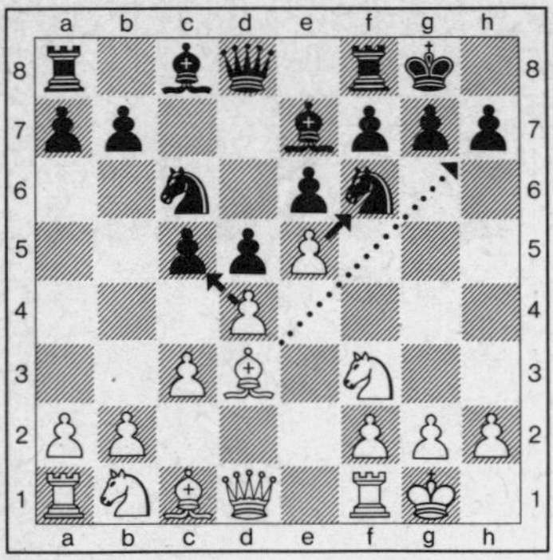

A) **e5xf6** gut.
Weiß gewinnt den Springer.

B) **d4xc5** ist möglich.
Nach **Le7xc5** wäre es ein Abtausch.

C) **Ld3xh7+** ist schlecht.
Nach **Sf6xh7** hat Weiß Material verloren.

10.

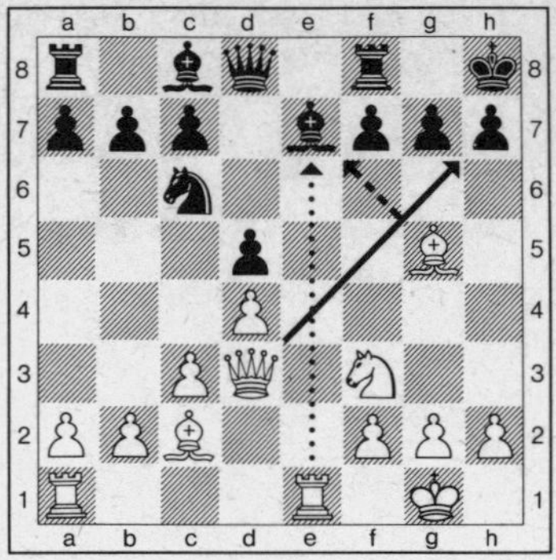

A) **Dd3xh7#** ist gut.
Schwarz ist matt.

B) **Te1xe7** ist schlecht.
Nach **Sc6xe7** hat Weiß Material verloren.

C) **Lg5xe7** ist möglich.
Nach **Sc6xe7** wäre es ein Abtausch.

11.

Weiß am Zug hat gar keine Schlagmöglichkeit, denn **Le2xg4** geht nicht, weil der weiße Läufer seinen König vor dem schwarzen Turm schützen muß!

12.

1. **...** **Lg4xe2** ist der richtige Zug! Würde der Turm (**Te8xe2**) schlagen, so ginge nach **Sc3xe2** die Qualität verloren! Im Zweifelsfalle schlagen wir also immer mit der schwächsten Figur zuerst.

13. Welche Steine kann Weiß schlagen und wie beurteilen Sie diese Züge?

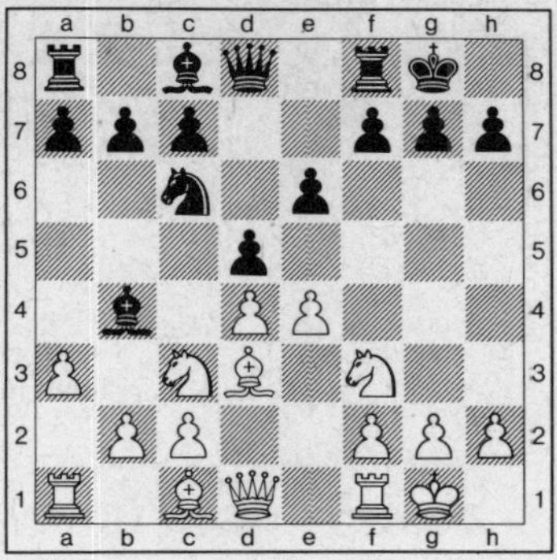

Weiß am Zug

A) ☐ ☐ gut ☐ möglich ☐ schlecht

B) ☐ ☐ gut ☐ möglich ☐ schlecht

C) ☐ ☐ gut ☐ möglich ☐ schlecht

14. Welche Bauern kann Weiß schlagen und wie beurteilen Sie diese Züge?

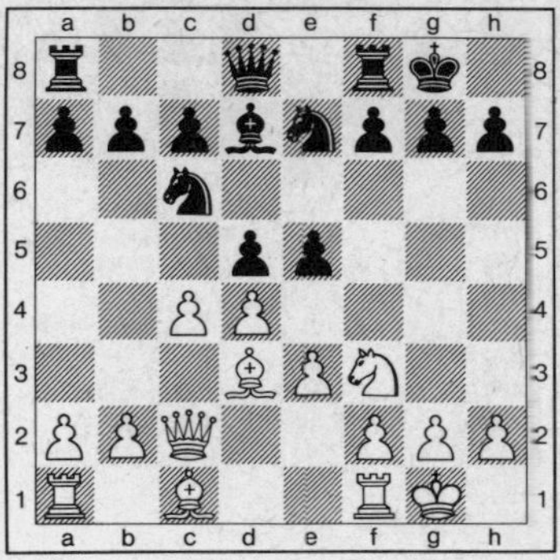

Weiß am Zug

A) ☐ ☐ gut ☐ möglich ☐ schlecht

B) ☐ ☐ gut ☐ möglich ☐ schlecht

C) ☐ ☐ gut ☐ möglich ☐ schlecht

15. Weiß am Zuge setzt matt!

1. ☐

16. Ist Schwarz am Zug, so kann er das Matt abwehren!

1. ... ☐

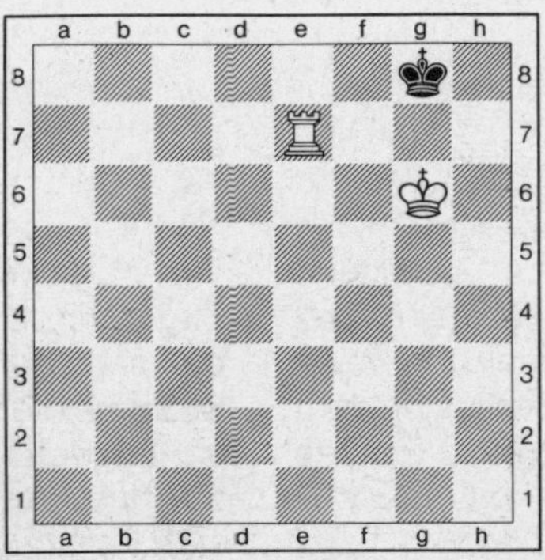

13.

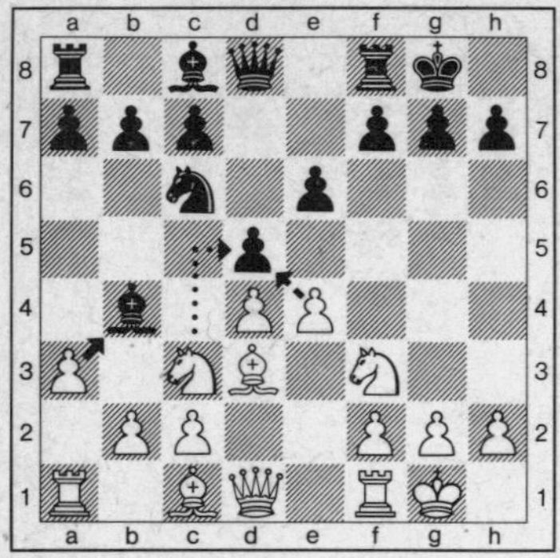

A) **a3xb4** ist gut. Nach **Sc6xb4** hat Weiß für den Bauern einen Läufer.

B) **e4xd5** ist möglich. Nach **e6xd5** vollzog sich lediglich ein Abtausch.

C) **Sc3xd5** ist schlecht. Nach **e6xd5** hat Weiß einen Springer verloren.

14.

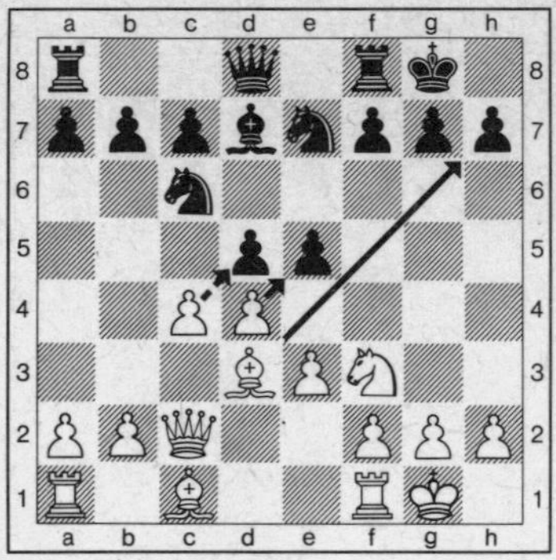

A) **d4xe5** (oder **Sf3xe5**) gut. Nach **Sc6xe5.** 2. **Sf3xe5** hat Weiß Material gewonnen. Der Bauer e5 war zweimal angegriffen, doch nur einmal gedeckt!

B) **Ld3xh7+** ist gut. Der Läufer darf nicht geschlagen werden, weil er von der Dame auf c2 gedeckt ist!

C) **c4xd5** ist möglich. Nach **Se7xd5** ist es ein Abtausch.

15.

1. **Te7–e8** matt. Der weiße König steht so günstig, daß er alle möglichen Fluchtfelder sperrt.

16.

Mit 1. **... Kg8–f8** kann Schwarz der Umklammerung des weißen Königs entgehen und dem Matt zunächst ausweichen.
Auf die Dauer wird Weiß jedoch mit seinem Mehrturm gewinnen. Mit einem raffinierten Trickspiel kann er seinen Gegner sogar schon in 2 Zügen mattsetzen!
2. **Te7–e6!!** (Mit diesem so harmlos aussehenden Zug bringt Weiß nicht nur den Turm in Sicherheit, sondern er zwingt auch den schwarzen König erneut in ein Mattnetz! 2. **... Kf8–g8** 3. **Te6–e8** matt! Freilich läßt sich das Matt auch anders erzwingen – allerdings nicht in 2 Zügen. In anderen Fällen muß Weiß sich noch länger plagen!

A

17. Wie kann Schwarz mattsetzen?

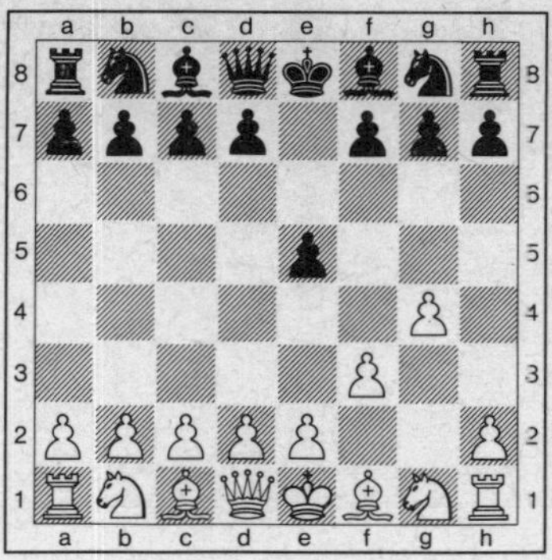

Schwarz am Zug

Schwarz setzt schachmatt mit: ______

18. Wie kann Weiß mattsetzen?

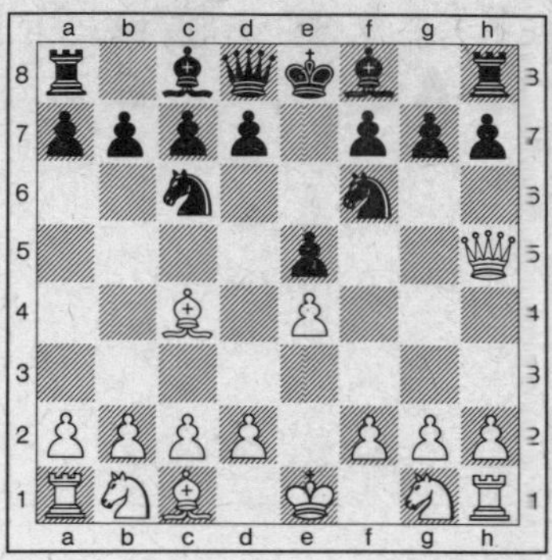

Weiß am Zug

Weiß setzt schachmatt mit: ______

19. Weiß setzt schachmatt. Wie?

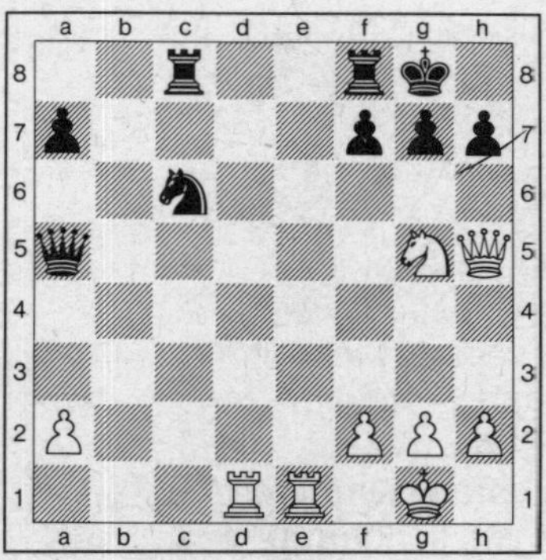

Weiß am Zug

Weiß setzt schachmatt mit: ______

20. Weiß setzt schachmatt. Wie?

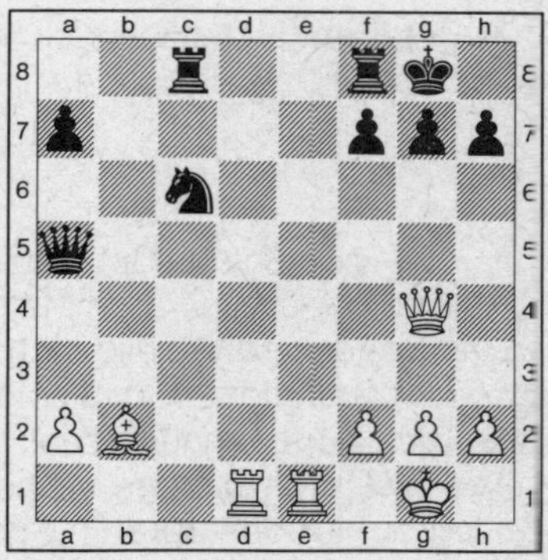

Weiß am Zug

Weiß setzt schachmatt mit: ______

17.

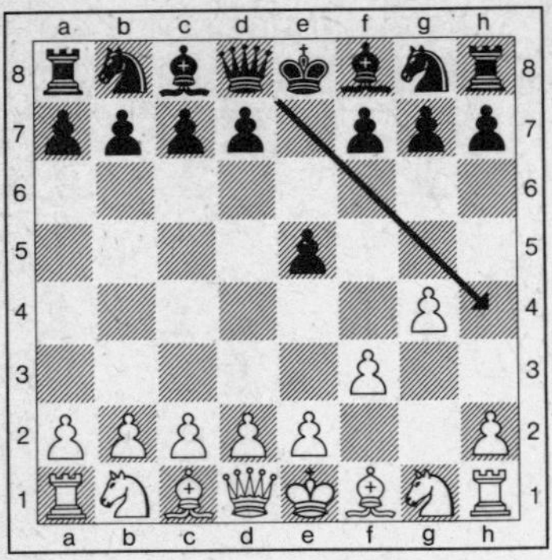

Die Stellung entstand (bei schlechtem Spiel von Weiß) nach den Anfangszügen:

1. **f2–f3** **e7–e5**
2. **g2–g4**

Schwarz setzt schachmatt mit

2. ... **Dd8–h4+**

Das Matt heißt »Narrenmatt«.

18.

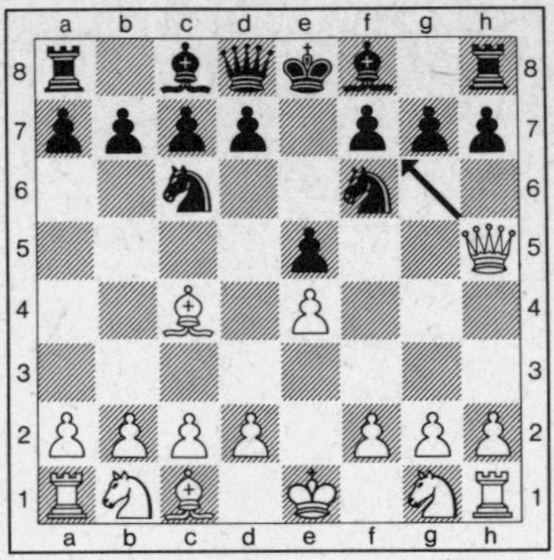

Die Stellung entstand nach:

1. **e2–e4** **e7–e5**
2. **Lf1–c4** **Sb8–c6**
3. **Dd1–h5** **Sg8–f6**

Schwarz hat jetzt einen Moment nicht aufgepaßt und Weiß setzt schachmatt mit:

4. **Dh5 x f7+**

Das Matt heißt »Schäfermatt«.

19.

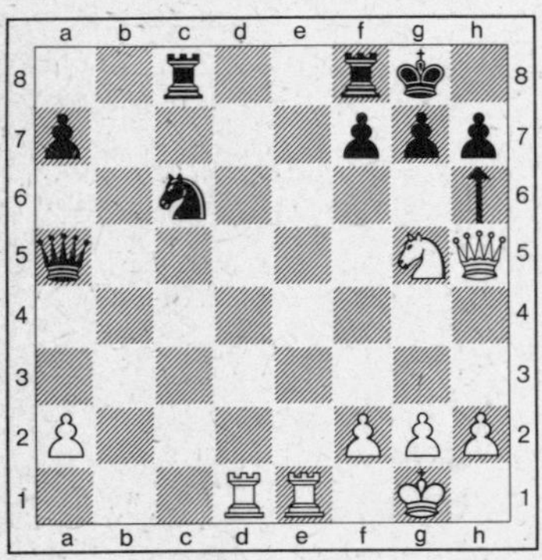

Dh5 x h7+

Dame und Springer von Weiß ergänzen sich im Angriff auf h7. Der König besitzt kein Fluchtfeld und kann auch die gedeckte Dame nicht schlagen – schachmatt!

20.

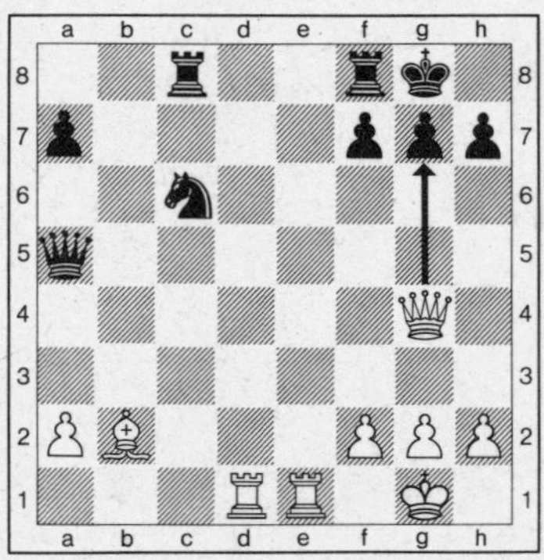

Dg4 x g7+

Hier ergänzen sich Dg4 und Lb2 in ihrer Wirkung gegen den Bauern g7. Der König kann weder ausweichen noch die geschützte Dame schlagen. Er ist schachmatt!

21. Welche Bauern kann Weiß zur Dame umwandeln und wie beurteilen Sie diese Züge?

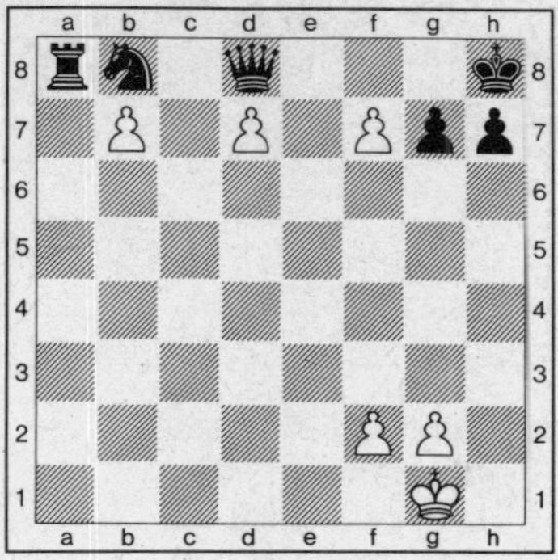

Weiß am Zug

A) **b7–** ☐ ☐ gut ☐ unmögl. Zug ☐ schlecht

B) **d7–** ☐ ☐ gut ☐ unmögl. Zug ☐ schlecht

C) **f7–** ☐ ☐ gut ☐ unmögl. Zug ☐ schlecht

22. Auf welchen der untenstehenden Bauernzüge kann Weiß »en passant« schlagen? Notieren Sie den Zug.

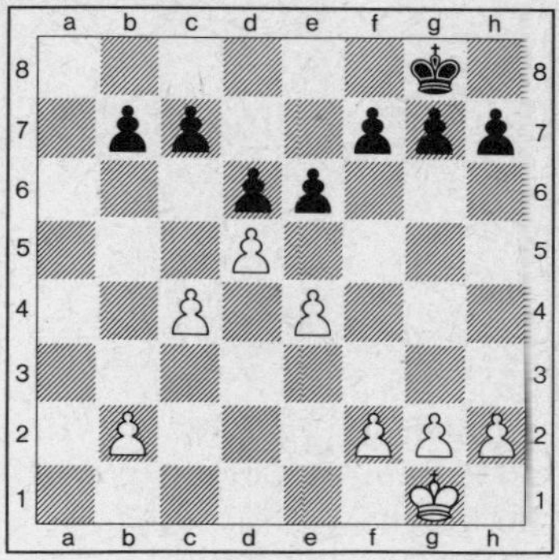

Schwarz am Zug

1. **. . . c7–c5**
Weiß schlägt »en passant« mit: 2. ☐

Schwarz zieht

1. **. . . e6–e5**
Weiß schlägt »en passant« mit: 2. ☐

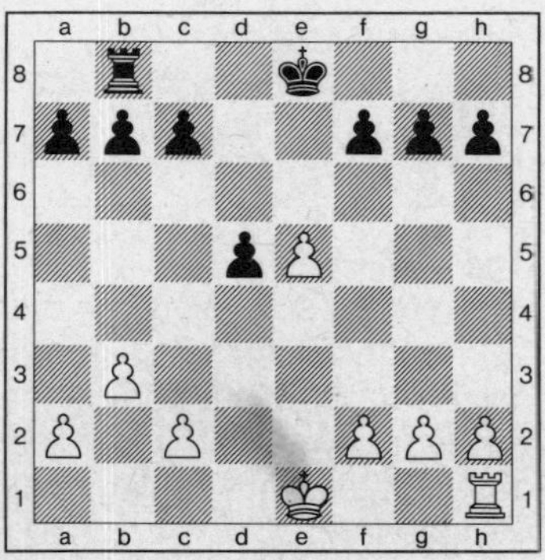

23. Welcher der folgenden Züge von Weiß ist regelwidrig?

1. **0–0** ☐
2. **b3–b4** ☐
3. **b3–b5** ☐

24. Welcher der folgenden Züge von Schwarz ist regelwidrig?

1. **. . . 0–0–0** ☐
2. **. . . f7–f6** ☐
3. **. . . f7–f5** ☐

21.

A) **b7xa8D** ist gut!
Weiß macht ungehindert eine Dame und gewinnt noch den schwarzen Turm.

B) **d7–d8D** ein unmöglicher Zug, Bauer blockiert.

C) **f7–f8D** ist schlecht.
Nach **Dd8xf8** ist die neugewonnene Dame weg!

22.

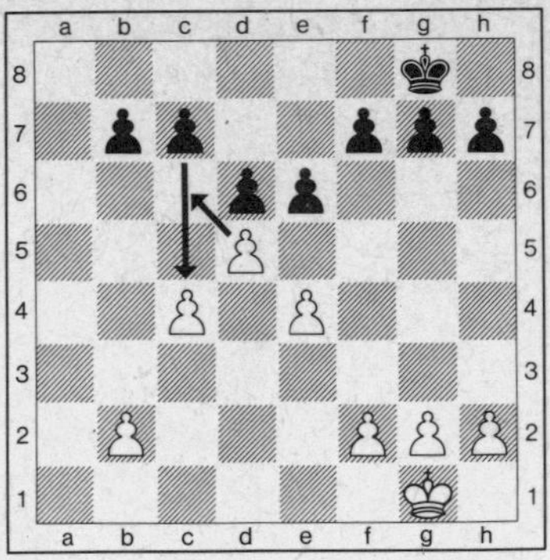

1. **...** **c7–c5**
2. **d5xc6 e.p.**

1. **...** **e6–e5**
Hier ist ein Schlag »en passant« nicht möglich. Dieser ist nur erlaubt, wenn der Bauer vom Ausgangsfeld zwei Felder vorgerückt war!

23.

3. **b3–b5** ist regelwidrig, denn der Bauer darf nur von seinem Ursprungsfeld b2 aus zwei Felder nach vorn ziehen!

24.

1. **... 0–0–0** ist ein »unmöglicher Zug« (d.h. regelwidrig), denn die große Rochade (lange Rochade) darf nur ausgeführt werden, wenn der Turm noch auf a8 steht!

A

25. Kann Weiß rochieren? Wenn ja, wie? Kreuzen Sie den richtigen Zug an!

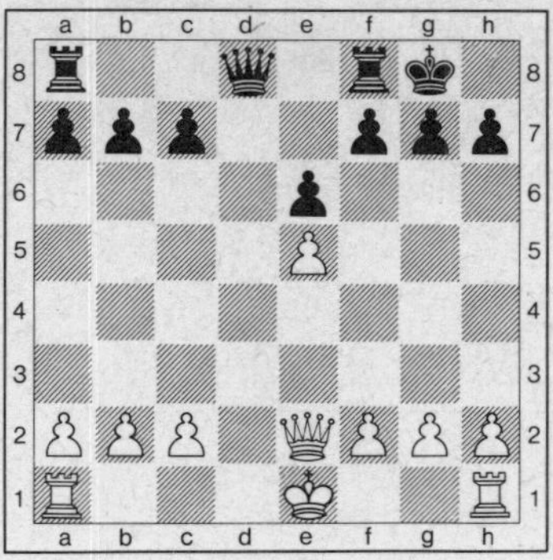

Weiß am Zug

A) **0–0** ☐

B) **0–0–0** ☐

26. Schwarz hat mit seinem letzten Zug Schach geboten. (Wie?) Wie beurteilen Sie die Züge?

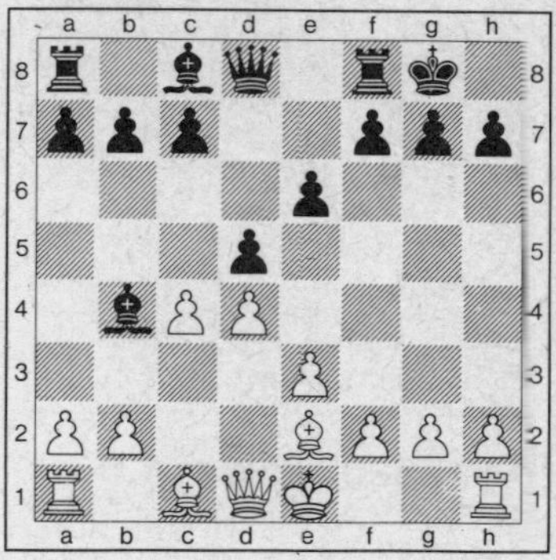

Weiß am Zug

A) **c4xd5** ______________

B) **Ke1–f1**
☐ gut
☐ nicht so gut
☐ schlecht

C) **Lc1–d2**
☐ gut
☐ nicht so gut
☐ schlecht

D) **Dd1–d2**
☐ gut
☐ nicht so gut
☐ schlecht

25.

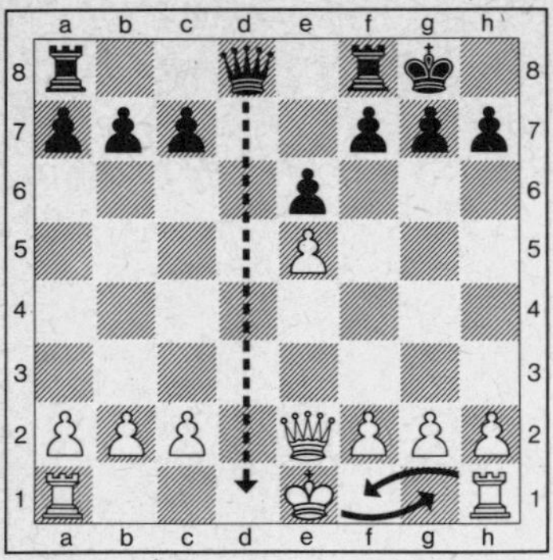

A) **0–0** ist gut und sicher!

B) **0–0–0** ist ein unmöglicher Zug, denn bei der großen Rochade muß der weiße König über das Feld d1 ziehen, welches jedoch von der gegnerischen Dame kontrolliert ist!

26.

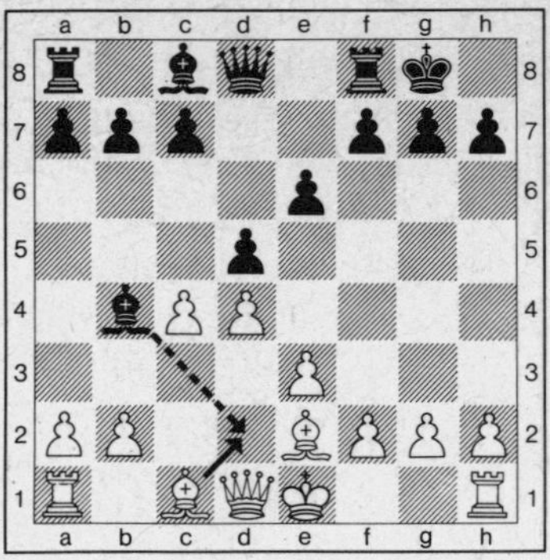

A) **c4 x d5** unmöglicher Zug.

B) **Ke1–f1** ist nicht so gut, spätere Rochade unmöglich.

C) **Lc1–d2**
ist am besten! Die Rochade wird bequem nachgeholt.

D) **Dd1–d2**
ist schlecht. Nach **Lb4 x d2** geht Material verloren.

Bitte zählen Sie jetzt alle richtigen Lösungen zusammen:

23–26 richtige Lösungen: Alles klar. Machen Sie weiter so

17–22 richtige Lösungen: Sie dürfen zufrieden sein. Sehen Sie sich die Fehler in Ihren Tests nochmals an, bevor Sie im Text fortfahren!

11–16 richtige Lösungen: Sie haben die Anforderungen erfüllt. Sie können weitermachen, aber wiederholen Sie in einigen Tagen bitte dieses Testprogramm!

10 oder weniger richtige Lösungen: Nur nicht den Mut verlieren! Es ist sinnvoll, wenn Sie die Übungen dieses Abschnitts nochmals durchgehen, bevor Sie im Text fortfahren. Wiederholen Sie dann in einigen Tagen auch das Testprogramm nochmals!

Eröffnung

Allgemeine Eröffnungstheorie

Lektion 14

Vor dem ersten Zug stehen die Figuren einander friedlich gegenüber. Der eigentliche Kampf beginnt erst später, nämlich dann, wenn die Schachfiguren in den Kampf geschickt werden. Man nennt dies »Figuren entwickeln«. Ziel in der Anfangsphase, der sogenannten »Eröffnung«, ist daher, sich durch geschicktes Aufstellen der Figuren eine gute Ausgangsposition zu schaffen. Worauf müssen wir nun bei der Wahl unserer Züge achten? Erst einmal wollen wir keine Figuren verlieren, ohne dafür gleichwertige Steine des Gegners zu erhalten. Wenn möglich, werden wir den Gegner mit »Drohungen« beschäftigen. Auch wenn er diese abwehrt, so wird er wenigstens davon abgelenkt, finstere Pläne zu schmieden. Als Maximen gelten also:

1. Unbedingt materiellen Nachteil vermeiden
2. Den Gegner mit »Drohungen« beschäftigen

Die Aufbauphase nennt man im Schach »Eröffnung«. Damit sich der Leser über die wichtigsten Ziele in dieser Phase ein Bild machen kann, ziehen wir einmal das Fußballspiel als Parallele heran. Vor dem Anpfiff stehen sich zwei Mannschaften in einer Aufstellung gegenüber, in der kein Spieler die Chance hat, ein Tor zu schießen. Die Stürmer werden sich deshalb darum bemühen, schnell eine bessere Angriffsposition zu beziehen.

Wie sich dies in die Praxis umsetzen läßt, werden wir in diesem und in den nächsten Abschnitten noch an vielen Beispielen demonstrieren.

Zu Beginn der Partie wird den Figuren von den eigenen Bauern der Weg versperrt. Es gilt daher, die Bahn freizumachen und die Figuren schnellstmöglich zu »entwickeln«. Ganz besonders beeilen wir uns, Springer und Läufer in Position zu bringen; die gewichtigeren Türme und die Dame kommen meist erst anschließend zum Einsatz. Die Figuren haben ihren größten Spielraum in der Brettmitte, dem Zentrum; gemeint sind die Felder d4, e4, d5, e5. Der Springer etwa beherrscht im Zentrum 8 Felder; gegen den Brettrand zu wird er zusehends harmloser und in der Ecke kontrolliert er nur mehr 2 Felder (siehe Diagramm 35).

Diagramm 35:

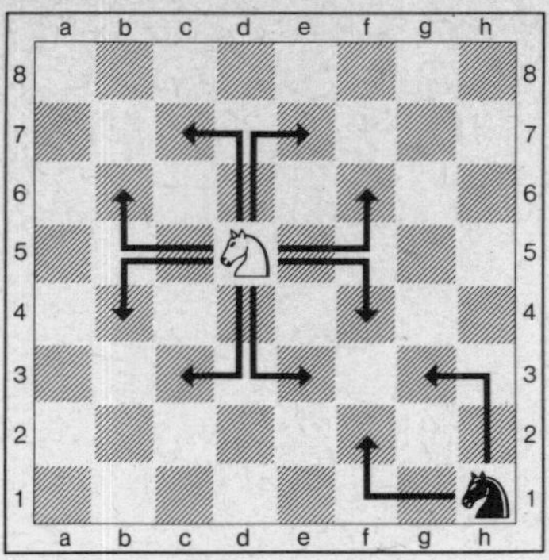

Springerzüge im Zentrum (8)
und in der Ecke (2)

Wie beim Fußball werden die Angriffe meist im Mittelfeld aufgebaut. Je nachdem, wo sich eine Lücke auftut, wählt die Mannschaft dann den direkten Weg zum Tor durch die Mitte oder aber den indirekten über die Flügel. Genauso ist es beim Schach: Ein starkes Mittelfeld (Zentrum) verschafft den Figuren die nötige Bewegungsfreiheit und – was ebenso wichtig ist! – verweist die feindlichen Figuren in ihre Schranken. Diagramm 2 zeigt die günstigste Bauernformation im Zentrum. Diese wollen wir »Optimalzentrum« nennen.

Diagramm 36:

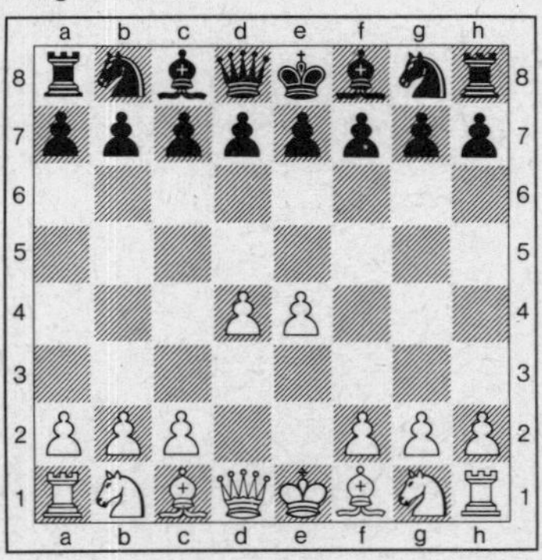

d5	e5
d4	e4

das »Zentrum«

Optimalzentrum für Weiß: Bauer d4 und e4

Die beiden Zentrumsbauern beherrschen das ganze Mittelfeld; Steine, die auf den vorgelagerten Feldern auftauchen, können geschlagen werden. Außerdem öffnen sich nach dem Vorstoß

der »Zentrumsbauern« die Wirkungslinien für beide Läufer. Dementsprechend bilden die Bauern d5 und e5 das »Optimalzentrum« von Schwarz. Im allgemeinen können jedoch nicht beide Parteien zugleich das Optimalzentrum aufbauen. Ein Hauptanliegen in der Eröffnung ist daher, möglichst viel Raum im Zentrum zu besetzen. Wie dies geschieht, werden wir später näher untersuchen.
Daneben darf natürlich die eigene Sicherung nicht vernachlässigt werden. Manchmal sind Sicherungszüge nötig; insbesondere tut man gut daran, den Schutz des Königs mittels der Rochade nicht lange hinauszuschieben. Die folgenden 3 Punkte sind von besonderer Bedeutung:

① Sicherung der eigenen Position. König sicherstellen (Rochade!).
② Beherrschung des Zentrums mit Bauern und Figuren (Optimalzentrum!).
③ Schnelle Entwicklung der Figuren.

Einen besonders kraftvollen Eindruck machen natürlich Züge, die alle drei Forderungen erfüllen, also zum Beispiel ein Zug, der gleichzeitig

① die Rochade vorbereitet,
② das Zentrum verstärkt und
③ eine Figur entwickelt!

Wir wollen nun sehen, wie dies in der Praxis aussieht. Dazu geben wir eine von vielen möglichen guten Eröffnungen an. Die Züge begründen wir mit unseren oben erarbeiteten Richtlinien. Die Lücken im Text ergänzen Sie bitte selbst unter Berücksichtigung der oben genannten 3 Punkte (① ② ③).

Übung 26:

Weiß	Schwarz
1. **e2–e4**	**e7–e5**
	① Verhindert das Optimalzentrum
② Beherrscht die Zentralfelder e4 und d5. Droht mit 2. **d2–d4** das Optimalzentrum aufzubauen	② Beherrscht die Zentralfelder ____ und ____
③ Macht dem Lf1 die Bahn frei	③ Macht die Bahn frei für den Lf8

2. **Sg1–f3**
Bedroht den Bauern e5
① Bereitet die **0–0** vor
② Kontrolliert die Zentralfelder d4 und e5
③ Entwickelt den S

Sb8–c6
① Schützt den Bauern e5
② Kontrolliert die Zentrumsfelder ____ und ____
③ Entwickelt den S

3. **Lf1–c4**
① Bereitet **0–0** vor
② Kontrolliert Zentralfeld d5
③ Entwickelt den L

Lf8–c5
① ____________
② Kontrolliert ____
③ ____________

4. **0–0**
① Stellt den König sicher
③ Entwickelt den Th1

Sg8–f6
Bedroht ____
① Bereitet **0–0** vor
② Kontrolliert die Zentralfelder ____ und ____
③ Entwickelt den S

5. **d2–d3**
① Schützt den Bauer e4
③ Macht die Bahn frei für den ____

0–0
① Sichert den König
③ Entwickelt den Th8

6. **Sb1–c3**
② Kontrolliert d5 und e4
③ Entwickelt den S

d7–d6
② Schützt das Zentrum
③ Macht die Bahn frei für den Lc8

7. **Lc1–g5**
② Stärkt indirekt d5, weil der Sf6 jederzeit abgetauscht werden kann
③ Entwickelt den L

Lc8–e6
② Sichert nochmals das Zentralfeld d5. Auf 8. **Sc3–d5 Le6xd5** kann der weiße Springer das Zentralfeld d5 nicht halten
③ Entwickelt den L

Die beiderseitige Entwicklung ist weitgehend abgeschlossen. Beide Parteien haben sich gut aufgebaut. Der Kampf beginnt. Dazu später mehr.

Übung 27: Wir geben einen anderen guten Partieanfang an. Begründen Sie stichwortartig die Züge, indem Sie auf unsere Regeln Bezug nehmen. Als Muster erläutern wir den ersten Zug.

		Weiß	Schwarz	
① —				① Verhindert Optimalzentrum
② Zentrum e4, d5	1.	**e2–e4**	**e7–e5**	② Zentrum e5, d4
③ Bahn für Lf1				③ Bahn für Lf8
①				①
②	2.	**Sg1–f3**	**Sb8–c6**	②
③				③
Bedroht ______				Rettet ______
②	3.	**d2–d4**	**e5xd4**	②
③				③
①				Bedroht ______
②	4.	**Sf3xd4**	**Sg8–f6**	②
③				③
① Schützt ______				Bedroht ______
②	5.	**Sb1–c3**	**Lf8–c5**	②
③				③
① Rettet ______				① Rettet ______
Bedroht ______	6.	**Sd4–b3**	**Lc5–b6**	②
				③
①				①
②	7.	**Lf1–d3**	**0–0**	②
③				③
①				①
②	8.	**0–0**	**d7–d6**	②
③				③
①				①
②	9.	**Lc1–g5**	**Lc8–e6**	②
③				③
①				①
②	10.	**Dd1–d2**	**Tf8–e8**	②
③				③
①				
②	11.	**Ta1–e1.**		
③				

Unsere drei Punkte wollen so verstanden sein, daß wir mit ihrer Hilfe in jeder Lage einen guten Zug finden können. Andererseits können wir bereits gute und schlechte Züge im Spiel des Partners oder in Partien anderer erkennen.
Unser Gefühl für eine zweckmäßige Eröffnungsbehandlung vertiefen wir mit der nächsten Übung:

Übung 28: Geben Sie bitte Ihr Urteil zu den nachfolgenden Zügen von Schwarz ab. Benutzen Sie dazu wieder unsere 3 Punkte.

	Weiß	Schwarz	gut	schlecht	Kommentar
1.	**e2–e4**	**e7–e5**			
2.	**Lf1–c4**	**Sb8–a6**			
3.	**Sg1–f3**	**d7–d6**			
4.	**0–0**	**Sg8–f6**			
5.	**Sb1–c3**	**h7–h5**			
6.	**d2–d4**	**Sf6–g4**			
7.	**Sf3–g5**	**Lc8–d7**			
8.	**Lc4xf7+**	**Ke8–e7**			
9.	**Sc3–d5+**	________			

Übung 29: Unsere nächste Übung geht wieder einen Schritt weiter. Sie sollen selbst einen guten Partieanfang spielen. Beginnen Sie mit den Zügen

	Weiß	Schwarz
1.	**d2–d4**	**d7–d5**

Wählen Sie die Züge nur unter Berücksichtigung unserer drei Punkte aus! Machen Sie keine sinnlosen Züge, die Sie nicht begründen können! Nach etwa 10 Zügen sehen Sie sich bitte unsere Musterlösung an. Es gibt aber eine ganze Reihe anderer guter Varianten. Vielleicht werden Sie eine neue entdecken.

Weitere Übungen: Spielen Sie einige weitere Partien, indem Sie abwechselnd 1. **d2–d4** und 1. **e2–e4** eröffnen. Falls Sie einen Partner haben, wechseln Sie nach jeder Partie die Farben. Falls Sie alleine spielen, so übernehmen Sie beide Farben. Gewöhnen

Sie sich bitte an: Machen Sie nie Verlegenheitszüge! Sonst macht das Schachspiel bald keinen Spaß mehr. Besprechen Sie bei Übungspartien lieber mit dem Partner, welcher Zug am besten sein könnte.Werfen Sie dabei immer wieder einen Blick auf unsere 3 Punkte! Bald werden Sie um gute Züge nicht mehr verlegen sein!

Verschiedene Strategien in der Eröffnung

Lektion 15

Nach den Zügen 1. **e2–e4** **e7–e5**
2. **Sg1–f3** **Sb8–c6**

bieten sich für beide Seiten verschiedene Strategien an, die alle gleichermaßen unsere Anforderungen an einen guten Aufbau erfüllen.

Je nachdem, ob wir es für wichtiger halten, diese oder jene Figur schneller zu entwickeln (Punkt ③), ob wir baldmöglichst im Zentrum vorstoßen möchten (Punkt ②) oder aber zunächst die Stellung sichern wollen, bevor wir zum Angriff übergehen (Punkt ①), werden wir mit unseren Überlegungen auf verschiedene Züge stoßen. Jeder dieser Züge gibt der Partie einen anderen Charakter! In der vorliegenden Position gibt es mehrere gleichwertige Züge:

3. **Sb1–c3**

erfüllt den Aspekt der schnellen Entwicklung (Punkt ③). Oder

3. **Lf1–c4**

entwickelt und bereitet zugleich die Sicherung des Königs mit der kurzen Rochade (**0–0**) vor (Punkt ① und ③). Und schließlich

3. **d2–d4**

greift sofort im Zentrum an (Punkt ②).

All diese Züge folgen unseren Prinzipien, sind also gleich stark. Die Wahl einer Strategie ist Ansichtssache. Jeder dieser Züge hat seine Vorteile. Und das ist gut so, denn gerade die vielfältigen Ideen und Varianten geben dem Schachspiel seinen besonderen Reiz.

Übung 30: (Wir verzichten von nun an auf die Angabe Weiß/Schwarz. Die erste Spalte gibt den Zug von Weiß, die zweite Spalte den von Schwarz an.)

1.	**d2–d4**	**d7–d5**
2.	**Sg1–f3**	**Sg8–f6**
3.	**e2–e3**	**Sb8–c6**

Wieder finden wir mehrere gute Züge, je nachdem welcher der drei Strategien wir den Vorzug geben wollen.

① Sicherung: 4. ______ oder

② Zentrum: 4. ______ oder

③ Entwicklung: 4. ______

Der routinierte Spieler wird sich stets für einen stellungsgemäßen Plan entscheiden und nicht immer dieselbe Strategie wählen. Fühlt er sich bedroht, so wird er einen Sicherungszug machen; sieht er eine Möglichkeit, gefahrlos im Zentrum vorzustoßen, so wird er dies tun. Ist weder das eine noch das andere der Fall, so wird einfach eine weitere Figur entwickelt oder wenigstens besser gestellt.

Lektion 16

Der Zentrumsangriff

Die anspruchsvollste der genannten Strategien ist der Zentrumsangriff. Darauf wollen wir anhand eines Beispiels näher eingehen.

1. **e2–e4** **e7–e5**
2. **Sg1–f3** **Sb8–c6**
3. **Lf1–c4** **Lf8–c5**

Die Lage ist im Augenblick entspannt. Weiß möchte den Kampf mit einem Angriff im Zentrum verschärfen.

Frage: Kann Weiß 4. **d2–d4** spielen, ohne Material zu verlieren? Probieren Sie aus, wie es nach einem mehrfachen Schlagabtausch stehen würde! Schlagen Sie dabei zuerst jeweils mit der schwächsten Figur.

Antwort: Bauer d4 ist von Weiß zweimal gedeckt (Sf3 und Dd1), von Schwarz aber dreimal angegriffen (Bauer e5, Sc6, Lc5)! Nach den Zügen 4. **d2–d4 e5xd4**, 5. **Sf3xd4 Sc6xd4**, 5. **Dd1xd4 Lc5xd4** bleibt Schwarz Sieger und Weiß hat viel Material verloren.

Was tun? Weiß möchte sehr gerne das Optimalzentrum e4, d4 aufbauen. Soll Weiß die Idee aufgeben? Nein! Also bereitet Weiß den Vorstoß geschickt noch einmal vor:

4. **c2–c3!** **Sg8–f6!**

Schwarz greift hingegen Bauer e4 an. Prüfen wir nochmals, ob 5. **d2–d4** geht: Weiß deckt dreimal (c3, Sf3, Dd1), Schwarz greift dreimal an (e5, Sc6, Lc5). Schwarz fängt aber zu schlagen an, also bleibt Weiß als letzter übrig!

5. **d2–d4!** **e5xd4**
6. **c3xd4** **Lc5–b4+**

Der bedrohte Läufer entzieht sich mit einem Schachgebot! Auf 6. **... Lc5xd4**, 7. **Sf3xd4 Sc6xd4**, 8. **Dd1xd4** würde Weiß

Material gewinnen. Prüfen Sie bitte nach!

7. **Lc1–d2**

Weiß hat das Optimalzentrum erreicht. Schwarz muß energisch vorgehen:

7. **. . .** **Sf6xe4**

Schwarz hat das Optimalzentrum zerstört und einen Bauern gewonnen. Wir werden später sehen, wie Weiß fortsetzen kann.

Übung 31:

1. **e2–e4** **e7–e5**
2. **Sg1–f3** **Sb8–c6**

Weiß kann nun das Optimalzentrum aufbauen. Wie?

3. ________

Lektion 17

Zwei abschreckende Beispiele

Sicherlich haben Sie schon Partien gesehen, in denen zumindest der eine Spieler unsere Eröffnungsprinzipien mißachtet. Er muß sich dann nicht wundern, wenn er bald in eine aussichtslose Situation gerät.

A) Verfrühter Damenausflug:

1. **e2–e4** **e7–e5**

3. **Lf1–c4** **Lf8–c5**

3. **Dd1–h5?**

Mit seinem Damenausflug droht Weiß a) **Dh5xf7** matt! und b) **Dh5xe5+** Bauerngewinn. Schwarz kann aber bequem decken:

3. **. . .** **Dd8–e7**

4. **Sb1–c3** **Sg8–f6**

Die Dame muß nun unverrichteter Dinge wieder weichen, während Schwarz sich munter entwickelt.

5. **Dh5–h4** **Sb8–c6**

Schwarz besitzt bereits die bessere Entwicklung und steht gut.

B) Ein ungeschickter Deckungszug:

1. **e2–e4** **e7–e5**
2. **Sg1–f3** **f7–f6?**

Schwarz deckt seinen Bauern e5. Der Zug leistet aber nichts zur Entwicklung, sondern verstellt sogar dem Sg8 seinen besten Standort f6. Viel besser wäre deshalb 2. **. . . Sb8–c6!** oder 2. **. . . d7–d6!**

Testprogramm »Eröffnung«

A

Die Aufgaben finden Sie immer auf der rechten Seite (gekennzeichnet mit dem Buchstaben A), die dazugehörenden Auflösungen immer auf der folgenden linken Seite (gekennzeichnet mit dem Buchstaben L). Aufgabe und dazugehörige Auflösung sind gleich numeriert.

1. Begründen Sie die Züge beider Seiten stichwortartig mit Hilfe der drei Eröffnungspunkte!

② ________	1.	**e2–e4**	**e7–e5**	② ________
③ ________				③ ________
① ________				① ________
② ________	2.	**Sg1–f3**	**d7–d6**	② ________
③ ________				③ ________
				① ________
② ________	3.	**d2–d4**	**Sg8–f6**	② ________
③ ________				③ ________
① ________				① ________
② ________	4.	**Sb1–c3**	**Sb8–d7**	② ________
③ ________				③ ________
① ________				① ________
② ________	5.	**Lf1–c4**	**Lf8–e7**	③ ________
③ ________				
① ________	6.	**0–0**	**0–0**	① ________
③ ________				③ ________
③ ________	7.	**Lc1–g5**	**a7–a6**	________
③ ________	8.	**Dd1–e2**	**b7–b5**	③ ________
				________
① ________	9.	**Lc4–b3**	**Lc8–b7**	② ________
				③ ________

L

1.

Weiß: Begründung	Zug	Weiß	Schwarz	Schwarz: Begründung
② Zentrum e4, d5. ③ Befreit den Lf1.	1.	**e2–e4**	**e7–e5**	② Verhindert Optimalzentrum. Felder e5, d4. ③ Befreit den Lf8.
① Bereitet **0–0** vor. ② Zentrum e5, d4. Bedroht e5. ③ Entwickelt den S.	2.	**Sg1–f3**	**d7–d6**	① Schützt e5. ③ Befreit den Lc8.
② Optimalzentrum. ③ Befreit den Lc1.	3.	**d2–d4**	**Sg8–f6**	① Bereitet **0–0** vor. ② Bedroht e4; Zentralfelder e4, d5. ③ Entwickelt den S.
① Schützt e4. ② Zentrum e4, d5. ③ Entwickelt den S.	4.	**Sb1–c3**	**Sb8–d7**	① Schützt e5. ② Zentralfeld e5. ③ Entwickelt den S.
① Bereitet **0–0** vor. ② Zentralfeld d5. ③ Entwickelt den L.	5.	**Lf1–c4**	**Lf8–e7**	① Bereitet **0–0** vor. ③ Entwickelt den L.
① Sichert den K. ③ Entwickelt den T.	6.	**0–0**	**0–0**	① Sichert den K. ③ Entwickelt den T.
③ Entwickelt den L.	7.	**Lc1–g5**	**a7–a6**	Plant **b7–b5**.
③ Entwickelt die D.	8.	**Dd1–e2**	**b7–b5**	③ Bedroht den Lc4. Befreit den Lc8.
① Rettet den L.	9.	**Lc4–b3**	**Lc8–b7**	② Zentralfeld e4. ③ Entwickelt den L.

Die Aufgabe gilt als richtig gelöst, wenn alle Antworten sinngemäß korrekt sind.
Sind nicht mehr als 4 Züge falsch begründet, so zählt die Aufgabe als halb richtig (½).

Wir haben bislang nur die Spielabläufe 1. **d2–d4 d7–d5** und 1. **e2–e4 e7–e5** untersucht.

Die folgenden Tests 2 und 3 sind Beispiele, wie man es nicht machen soll.

Es gibt daneben noch eine große Anzahl anderer System-Möglichkeiten, die nicht von der Hand zu weisen sind.

Die folgenden Tests (4–20) zeigen Eröffnungen, die alle Anforderungen einer guten Eröffnungsstrategie erfüllen.

Wir sollten uns auch keine Gedanken darüber machen, daß ein Gegner uns einen unbekannten Zug vorsetzt. Mit den bisher erarbeiteten Richtlinien ①, ② und ③ finden wir uns in jeder Situation zurecht und können auf die gegnerischen Attacken die entsprechenden Gegenmaßnahmen ergreifen.

Die nun folgenden Testaufgaben sollen das oben Gesagte praktisch erproben helfen. Tragen Sie bitte in die Kästchen jeweils den Ihrer Meinung nach besten und vorteilhaftesten Zug ein.

2. 1. **g2–g4 d7–d5**
   2. **e2–e3 e7–e5**
   3. **Lf1–g2**

Der von Weiß gewählte Aufbau ist nicht gut. Schwarz kann sich daher bequem eine gute Stellung aufbauen:

3. . . . [ ]

3. 1. **e2–e4 e7–e6**
   2. **d2–d4 g7–g6**
   3. **Sg1–f3 c7–c6**
   4. **Sb1–c3 a7–a6**
   5. **Lc1–e3 Lf8–g7**
   6. **Lf1–c4 Dd8–b6**

Der Aufbau von Schwarz ist schlecht – was aber nicht heißt, daß Weiß nachlässig spielen darf!

7. [ ]

---

4. 1. **e2–e4 e7–e6**
   2. [ ]

5. 1. **d2–d4 e7–e6**
   2. **e2–e4** [ ]

---

6. 1. **e2–e4 c7–c6**
   2. **d2–d4 d7–d5**

Den bedrohten Bauern e4 kann Weiß retten, indem er ihn

a) mit 3. [ ] abtauscht
b) mit 3. [ ] wegzieht
c) mit 3. [ ] deckt

7. 1. **c2–c4 e7–e5**
   2. **Sb1–c3 Sg8–f6**
   3. **Sg1–f3** [ ]

2.
Richtige Lösungen sind:
3. ... **Sb8–c6**,
3. ... **Lc8–e6**,
3. ... **Lf8–e7**,
3. ... **c7–c5**.
Andere Möglichkeiten:
3. ... **c7–c6** = ½
3. ... **Lf8–c5** = ½
(Weiß spielt dann 4. **d2–d4**)
3. ... **Lf8–b4** = ½
(Weiß spielt einfach 4. **a2–a3**)
3. ... **Sg8–f6** = ½
(Weiß vertreibt ihn mit
4. **g4–g5**)

Schlechte Züge sind:
3. ... **Lf8–d6?** wegen
4. **Lg2xd5**
3. ... **Lc8xg4?** wegen
4. **Dd1xg4**.

3.
Schwarz droht nämlich mit
7. ... **Db6xb2**
einen Bauern zu gewinnen.
Richtige Lösungen sind:
7. **Ta1–b1**,
7. **Lc4–b3**,
7. **Dd1–c1**.
Gut ist das Bauernopfer
7. **Dd1–d2** **Db6xb2**
8. **Ta1–b1** **Db2–a3**
Für den Bauern hat Weiß ein »Entwicklungstempo« für seinen Turm und eine offene Linie bekommen.

Andere Möglichkeit:
7. **b2–b3** = ½
(7. ... **Lf8–b4** 8. **Le3–d2**).

---

4. 2. **d2–d4**
baut das Optimalzentrum auf.
2. **Sg1–f3** = ½
2. **Sb1–c3** = ½

5. 2. ... **d7–d5**
schafft ein Gegengewicht im Zentrum und bedroht gleichzeitig e4.
2. ... **c7–c5** = ½
2. ... **Sb8–c6** = ½

---

6. a) abtauscht:
3. **e4xd5** **c6xd5**
b) wegzieht:
3. **e4–e5**
c) deckt:
3. **Sb1–c3** oder
3. **Lf1–d3**
entwickelt gleichzeitig eine Figur.
Brauchbar sind auch die Deckungszüge:
3. **f2–f3** = ½
3. **Sb1–d2** = ½
3. **Dd1–d3** = ½

7. Schwarz muß seinen angegriffenen Bauern e5 retten.
Am einfachsten ist:
3. ... **Sb8–c6**
Gut sind auch:
3. ... **d7–d6**
3. ... **e5–e4**
Schlecht ist aber:
3. ... **Lf8–d6**,
denn er verstellt den Bauern d7. Danach wird der Lc8 auf Dauer arbeitslos bleiben!

8. 1. **e2–e4** **c7–c5**
Schwarz spielt die sogenannte »Sizilianische Verteidigung«.
2. **Sg1–f3** **Sb8–c6**
3. **d2–d4!** **c5xd4**
4. **Sf3xd4** **Sg8–f6**
5. [ ]

Vorsicht!
5. **Lf1–d3**
wäre schlecht.
Warum? [ ]

9. 1. **e2–e4** **c7–c5**
2. **Sg1–f3** **e7–e6**
3. **Lf1–c4** [ ]

---

10. 1. **e2–e4** **c7–c5**
2. **Sg1–f3** **e7–e6**
3. **d2–d4** **c5xd4**
4. **Sf3xd4** **Sg8–f6**
5. **Sb1–c3** **Sb8–c6**
6. [ ]

11. 1. **d2–d4** **d7–d5**
2. **e2–e3** **Sg8–f6**
3. **c2–c4** [ ]

---

12. 1. **d2–d4** **Sg8–f6**
2. **c2–c4** **e7–e6**
3. **Sg1–f3** **b7–b6**
4. **Sb1–c3** **Lc8–b7**
5. [ ]

13. 1. **d2–d4** **Sg8–f6**
2. **c2–c4** **e7–e6**
3. **Sb1–c3** **c7–c5**
4. [ ]

L

8. 5. **Sb1–c3**
deckt den angegriffenen Bauern und entwickelt eine Figur.
Möglich ist auch:
5. **f2–f3** = ½
Schlecht ist:
5. **Lf1–d3?** wegen **Sc6xd4**.
Jetzt kann die Dd1 nicht wiedernehmen, weil d4 nicht mehr von der Dame gedeckt ist.

9. Schwarz kann energisch im Zentrum vorgehen:
3. ... **d7–d5**.
Nach z. B.
4. **e4xd5** **e6xd5**
beherrscht Schwarz das Zentrum.
Möglich sind auch:
3. ... **Sb8–c6** = ½
3. ... **Sg8–f6** = ½.

---

10. Es gibt eine ganze Reihe guter Züge:
6. **Lf1–e2**; 6. **Lf1–c4**;
6. **Lf1–b5**; 6. **Lc1–e3**;
6. **Lc1–f4**; 6. **Lc1–g5**
oder sogar der Zentrumsangriff 6. **f2–f4**.

Schlecht ist 6. **Lf1–d3**
wegen **Sc6xd4**.

11. Mit seinem Vorstoß
3. **c2–c4**
wollte Weiß im Zentrum die Herrschaft übernehmen.
Schwarz verteidigt sich am besten mit
3. ... **e7–e6** oder
3. ... **c7–c6**.
Nimmt Weiß dann
4. **c4xd5**,
so kann Schwarz mit dem Bauern wiedernehmen und behält sein Zentrum.
Nicht ganz so gut sind:
3. ... **d5xc4** = ½
3. ... **Sb8–c6** = ½
3. ... **Lc8–f5** = ½

---

12. Weiß bereitet am besten den Zentrumsvorstoß e4 vor:
5. **e2–e3!**
falls dann
5. ... **Lf8–e7**,
so folgt
6. **Lf1–d3**
und Weiß kann im nächsten Zug rochieren oder aber ggf. mit 7. **e3–e4** vorgehen.

Gut sind aber auch:
5. **Lc1–f4** oder
5. **Lc1–g5**.

13. Weiß sollte sein Zentrum stützen, denn nach
4. ... **c5xd4**
5. **Dd1xd4** **Sb8–c6**
müßte die Dame einen traurigen Rückzug antreten.
Gut sind die Züge:
4. **e2–e3**;
4. **Sg1–f3**;
4. **d4–d5**.

14. 1. **e2–e4** **d7–d5**
2. [ ]

15. 1. **e2–e4** **Sg8–f6**
2. [ ]

A

---

16. 1. **e2–e4** **e7–e5**
2. **Lf1–c4** **Sb8–c6**
3. **Dd1–h5** [ ]

17. 1. **d2–d4** **d7–d5**
2. **Sg1–f3** **Sg8–f6**
3. **Lc1–g5** **e7–e6**
4. **e2–e3** **Lf8–e7**
5. **c2–c4** **0–0**
6. **Sb1–c3**

Schwarz steht gut und sicher, doch es ist nicht leicht, Lc8 ins Spiel zu bringen. Wie würden Sie dieses Problem lösen?

6. **. . .** [ ]
7. **Lf1–d3** [ ]

---

18. 1. **d2–d4** **Sg8–f6**
2. **c2–c4** **g7–g6**
3. **Sb1–c3** **Lf8–g7**
4. [ ]

Die beiden letzten Tests verlangen eine weitblickende Strategie. Sie sollen einen ganzen Aufbauplan entwerfen, der 5 Züge umfaßt. Der Test darf als richtig gewertet werden, wenn Sie alle 5 Züge richtig haben. Einen halben Punkt bekommen Sie, wenn 3 oder 4 Züge übereinstimmen. Als korrekt gelten alle in der Auflösung fettgedruckten Züge. (Natürlich kann man nicht immer fünf Züge vorausplanen, da ja der Gegner die Absichten durchkreuzen kann.)

---

19. 1. **e2–e4** **d7–d6**
2. **d2–d4** **Sg8–f6**
3. **Sb1–c3** **g7–g6**
4. **Sg1–f3** **Lf8–g7**
5. **Lf1–** [ ] **0–0**
6. [ ] **Sb8–d7**
7. **Lc1–** [ ] **c7–c6**
8. **Dd1–** [ ] **Dd8–c7**
9. **Ta1–** [ ]

20. 1. **Sg1–f3** **Sg8–** [ ]
2. **c2–c4** **e7–** [ ]
3. **Sb1–c3** **d7–** [ ]
4. **b2–b3** **Lf8–** [ ]
5. **Lc1–b2** [ ]

14.
Gut ist
2. **e4–e5**
oder
2. **e4xd5 Dd8xd5**
3. **Sb1–c3**
und die Dame muß wieder weichen.

Möglich sind auch:
2. **Sb1–c3** = ½
(**d5–d4!**)
und 2. **d2–d3** = ½

15.
Am besten ist:
2. **e4–e5**,
worauf der Sf6 fliehen muß.
Brauchbar ist auch:
2. **d2–d3** = ½
oder
2. **Sb1–c3** = ½

---

16. Das Matt auf f7 muß Schwarz natürlich decken:
3. ... **Dd8–e7**;
3. ... **Dd8–f6**;
3. ... **g7–g6**
sind gute Züge.

Etwas schwächer ist:
3. ... **Sg8–h6** = ½

17.
Nicht gut wäre
6. ... **Lc8–d7**,
denn nach
7. **Lg5xf6 Le7xf6**
8. **c4xd5**
verliert Schwarz den Bauern d5, weil der Ld7 der Dame den Weg versperrt.

Besser ist daher:
6. ... **b7–b6**
7. **Lf1–d3 Lc8–b7**
(oder **Lc8–a6**).
Möglich wäre auch:
6. ... **Sb8–d7** = ½
oder
6. ... **Sb8–c6** = ½

18.
Mit 4. **e2–e4!**
kann Weiß das Optimalzentrum aufbauen.
Brauchbar sind auch die Züge:
4. **Sg1–f3** = ½;
4. **Lc1–f4** = ½;
4. **Lc1–g5** = ½;
4. **e2–e3** = ½.

Lösungen der Aufgaben 19 und 20:

19. 5. **Lf1–e2** oder
5. **Lf1–d3**;
5. **Lf1–c4**.
Schwächer wäre:
5. **Lf1–b5+**,
denn auf **c7–c6** muß der Lb5 gehen.
6. **0–0**
7. **Lc1–e3** oder
7. **Lc1–f4** oder
7. **Lc1–g5**.
8. **Dd1–d2** oder
8. **Dd1–e2** oder
8. **Dd1–d3**.
9. **Ta1–d1** oder
9. **Tf1–e1**.

20. Sicherlich fanden Sie sich auch in diesem »unorthodoxen« weißen System zurecht.
1. ... **Sg8–f6**
2. ... **e7–e6**
(**e7–e5** geht hier leider nicht. Schwarz bereitet daher am besten den Vorstoß **d7–d5** vor)
3. ... **d7–d5**
4. ... **Lf8–d6**;
4. ... **Lf8–b4**.
Schwächer wäre:
4. ... **Lf8–c5**, wegen
5. **d2–d4!**
5. ... **0–0** oder
5. ... **d5–d4** oder
5. ... **c7–c5** oder
5. ... **Sb8–c6**.

Bitte zählen Sie wieder alle richtigen Lösungen zusammen:

18–20 richtige Lösungen: Alles klar. Machen Sie weiter so!

14–17½ richtige Lösungen: Sie dürfen zufrieden sein. Sehen Sie sich die Fehler in Ihren Tests nochmals an, bevor Sie im Text fortfahren!

9–13½ richtige Lösungen: Sie haben die Anforderungen erfüllt. Sie können weitermachen, doch wiederholen Sie bitte das Testprogramm in einigen Tagen!

Weniger als 9 richtige Lösungen: Nur nicht den Mut verlieren. Es ist sinnvoll, wenn Sie die Übungen dieses Abschnitts nochmals studieren, bevor Sie im Text fortfahren. Wiederholen Sie dann in einigen Tagen das Testprogramm!

Kombinationsspiel

Wenn Sie nach Ihrem bisherigen Studium mit einem erfahreneren Partner schachspielen, so wird sich dieser wundern, wie gut Sie sich aufbauen. Kaum sind aber einige Züge gemacht, so werden Sie staunen, mit welchen Tricks Sie Ihr Partner aufs Glatteis führt. Das Schachspiel ist voller List und Tücken. Ein phantasievoller Geist wird immer neue Schlingen auslegen. In der Fachsprache nennt man dies aber nicht Hinterlist und Bosheit, vielmehr spricht man von genialem »Kombinationsspiel« (und kluger Taktik). Das Opfer einer solchen Schachkombination sollte sich denn auch nicht betrogen fühlen, sondern sportlich fair die Einfälle des Gegners anerkennen. Beim nächsten Mal gelingt einem selbst vielleicht schon eine gute Kombination.
Die wichtigsten Kombinationsmotive sind in der Folge zusammengefaßt.

Der Doppelangriff

Lektion 18

Eine einfache Drohung ist im allgemeinen ohne große Schwierigkeiten abzuwehren.
Dagegen ist ein Zug, der zwei Drohungen zugleich beinhaltet, oft nicht parierbar!

Übung 32:	1.	**e2–e4**	**e7–e5**
	2.	**Sg1–f3**	**Sb8–c6**
	3.	**Lf1–b5**	**a7–a6**
	4.	**Lb5xc6**	**d7xc6**
	5.	**Sf3xe5**	

Schwarz holt sich den verlorenen Bauern mit einem Doppelangriff sofort zurück:

	5.	**. . .**	**Dd8–d4!**

Er bedroht damit gleichzeitig ☐ und ☐.

Übung 33:	1.	**e2–e4**	**e7–e5**
	2.	**Sg1–f3**	**Sb8–c6**
	3.	**Lf1–c4**	**Lf8–c5**
	4.	**c2–c3**	**Sg8–f6**
	5.	**d2–d4**	**e5xd4**
	6.	**c3xd4**	**Lc5–b4+**
	7.	**Lc1–d2**	**Sf6xe4**

Eine uns bereits bekannte Stellung. Schwarz hat zwar einen Bauern gewonnen, doch steht Weiß besser entwickelt. Dies wird zu einer schönen Kombination genutzt, deren Pointe in einem Doppelangriff liegt.

8.	**Ld2xb4**	**Sc6xb4**
9.	**Lc4xf7+!!**	**Ke8xf7**

Weiß brachte ein ganz überraschendes Läuferopfer. Ein besonders starker Zug ist jetzt nötig, sonst geht die Partie wegen des materiellen Nachteils verloren.

10. [ ]

Weiß greift damit gleichzeitig [ ] und [ ] an!

Lektion 19

Die Gabel

Die Gabel ist eine spezielle Form des Doppelangriffs.

Diagramm 37:

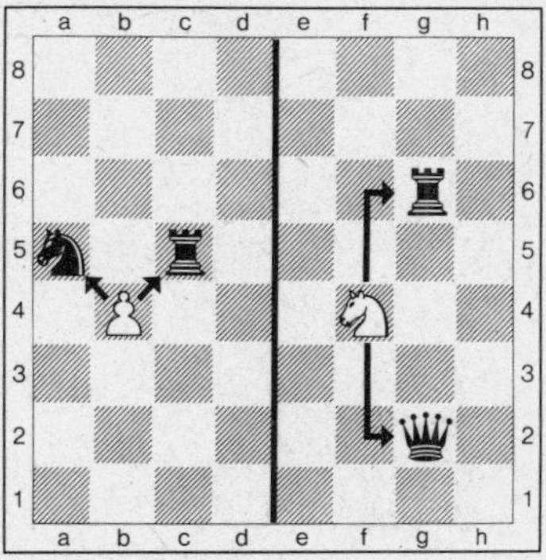

Bauerngabel:	Springergabel:
Weiß droht	Weiß droht
b4xa5	**Sf4xg2**
und	und
b4xc5	**Sf4xg6**

Übung 34:

1.	**e2–e4**	**e7–e5**
2.	**Sg1–f3**	**Sb8–c6**
3.	**Lf1–c4**	**d7–d6**
4.	**d2–d4**	**Lc8–e6?**

Den letzten Zug von Schwarz weisen wir als schwerwiegenden Fehler nach:

5. [ ]

Übung 35:

Diagramm 38:

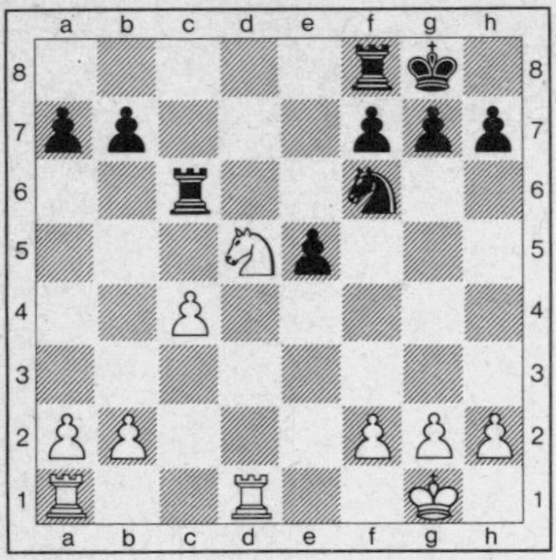

Weiß am Zug kann eine Gabel anbringen:

1.

2.

Lektion 20

Die Fesselung

Ein geschickter »Schachzug«, der in jeder Partie vorkommt, manchmal sogar mehrere Male und in verschiedenen Variationen.

Diagramm 39:

Der Sb6 ist gefesselt. Er darf nicht ziehen, weil sonst der König völlig ungedeckt wäre und im Schach stünde

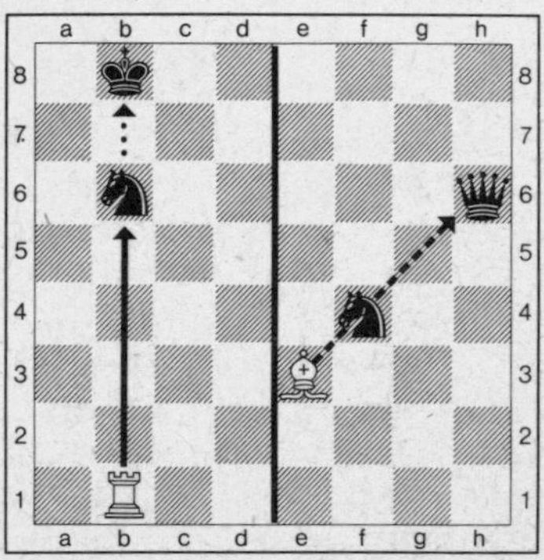

Der Sf4 ist gefesselt. Er darf nicht ziehen, sonst würde die Dame verlorengehen

Übung 36: Schwarz wird auf ebenso einfache wie unangenehme Art »gefesselt«.

Diagramm 40:

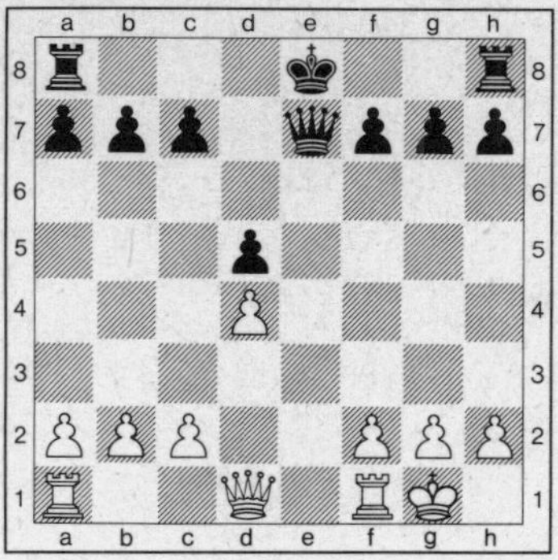

Weiß am Zug

1. ☐

Übung 37:	1.	**e2–e4**	**e7–e5**
	2.	**Sg1–f3**	**Sb8–c6**
	3.	**Lf1–c4**	**Lf8–c5**
	4.	**d2–d3**	**Sg8–f6**
	5.	**0–0**	**0–0**

Weiß kann nun eine Figur des Gegners fesseln und gleichzeitig einen Entwicklungszug machen:

6. ☐

Lektion 21

Angriff gegen den unrochierten König

Wie gefährdet der König in der Mitte steht, zeigte Übung 36 bereits recht deutlich. Betrachten wir nun die Position vor Beginn der Partie, so erkennen wir, daß anfangs der Punkt f2 (f7) recht anfällig ist. Dieser ist allein vom König gedeckt! Häufig richten sich deshalb die ersten Angriffsversuche gegen diesen »wunden Punkt«.

Übung 38:	1.	**e2–e4**	**e7–e5**
	2.	**Sg1–f3**	**d7–d6**
	3.	**Lf1–c4**	**Lf8–e7**
	4.	**Sb1–c3**	**Sg8–f6**
	5.	**Sf3–g5**	

Punkt f7 ist zweimal angegriffen (Lc4, Sg5). Mit 6. **Sg5 x f7!** droht bereits eine Springergabel. Wie kann Schwarz noch Materialverlust vermeiden?

5. ... ☐

Lektion 22

Angriff gegen die Rochadestellung

Ein rochierter König hinter einem intakten Schutzwall kann kaum überfallen werden. Gefahr ist erst im Verzug, wenn die Rochadestellung in irgendeiner Form geschwächt ist. Ein prägnantes Beispiel dazu war bereits Übung 37. Jetzt wollen wir weitere Aspekte aufzeigen.

Das Loch auf g7 (g2).
Als Loch bezeichnet man ein Feld, das von keinem Bauern mehr kontrolliert wird (Diagramm 41). Ein solches Feld eignet sich vorzüglich als Stützpunkt für gegnerische Figuren. (Auch im Fußball ist die Gefahr groß, wenn ein gegnerischer Stürmer ein »Loch« in der Abwehr entdeckt.)

Übung 39:

Diagramm 41:

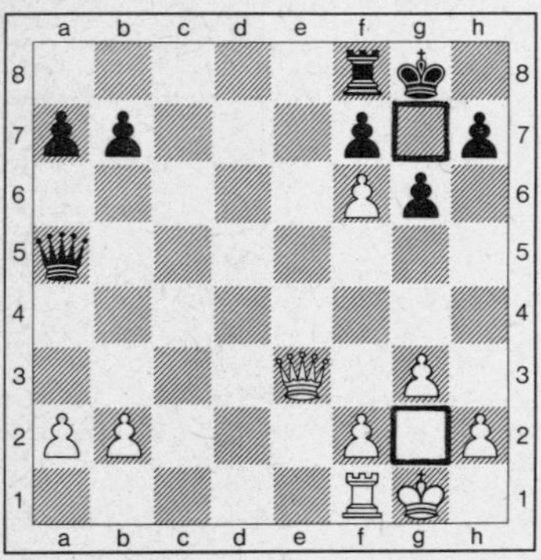

☐ = das Loch auf g7 (g2).

Weiß am Zug setzt matt in 2 Zügen

1. ☐ __________
2. ☐ matt!

Der Eckpfeiler h6.
Viele ängstliche Schachspieler ziehen unnötig ihre Randbauern

um ein Feld nach vorne (Diagramm 42: Bauer h6), wohl um die Fesselung des Sf6 durch den Zug **Lc1–g5** zu verhindern. Wie gefährlich dies sein kann, zeigt Übung 40.

Übung 40: Hier stellt sich der »Verlegenheitszug« **h7–h6** als entscheidende Schwäche heraus. Weiß hat seine Figuren zum entscheidenden Schlag aufgestellt. Er scheut auch nicht das Opfer eines Läufers, um die schwarze Majestät vollends zu entblößen.

Diagramm 42:

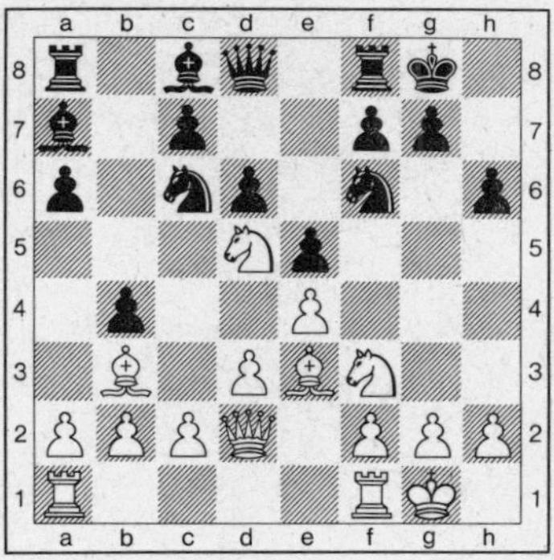

1.	**Le3xh6!**	**g7xh6**
2.	**Dd2xh6**	**Sf6xd5**
3.	**Lb3xd5**	**Lc8–d7**
4.		
5.		

Weiß am Zug

Lektion 23

Das fehlende Luftloch

Diagramm 43:

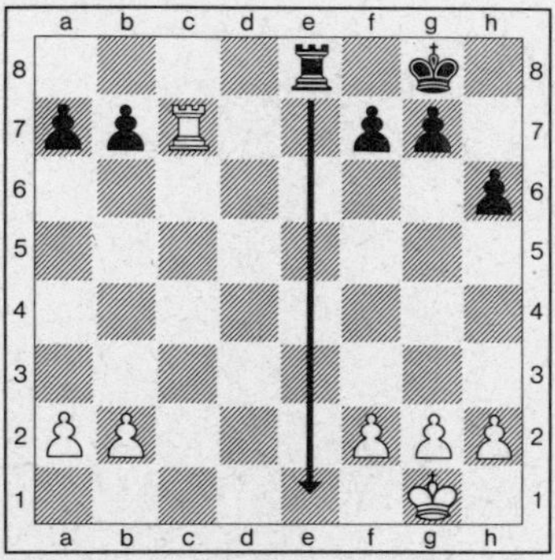

Schwarz am Zug setzt matt:
Grundlinienmatt

1. . . . **Te8–e1+**

Die weiße Bauernkette vor dem König macht einen sicheren Eindruck. In der Schlußphase, wenn bereits einige Figuren abgetauscht sind, besteht jedoch mitunter die Gefahr, daß auf der Grundreihe (1. bzw. 8. Reihe) der Einbruch erfolgt.

Übung 41: Wie könnte sich Weiß am Zug in Diagramm 43 vor einer solch bösen Überraschung wie das Grundlinienmatt schützen? Es gibt 8 gute Möglichkeiten, dieses zu verhindern. Finden Sie drei davon!
Weiß am Zug verhindert das Grundlinienmatt:

1. ______ oder 2. ______ oder 3. ______

Übung 42: Schwarz, im guten Glauben, seine Grundreihe sei ausreichend geschützt, hat es versäumt, sich rechtzeitig ein Luftloch zu verschaffen.

Diagramm 44:

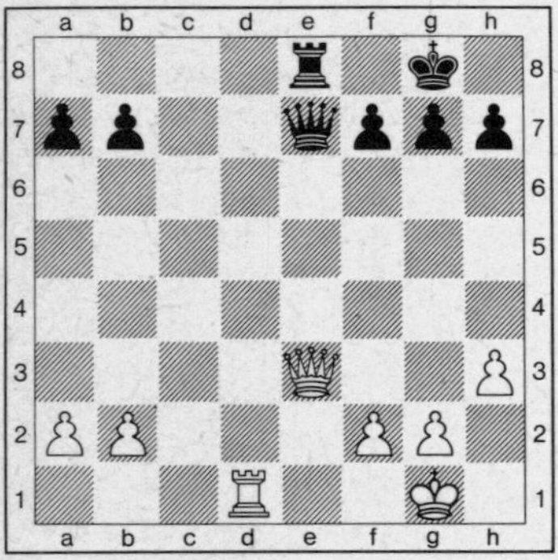

Weiß am Zug setzt matt

1. ______ ______

2. ______ nebst matt!

Das Abzugsschach

Lektion 24

In diesem Kapitel lernen wir eine neue Form des Doppelangriffs kennen.

Übung 43:

Diagramm 45:

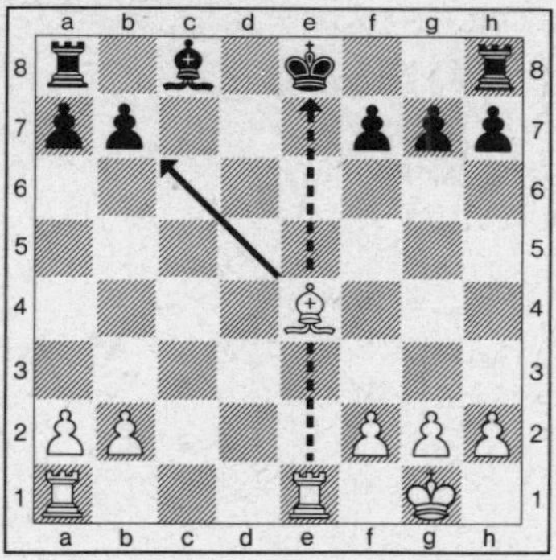

1. **Le4xb7+!**

Der weiße Läufer zieht ab und deckt den Turm auf, so daß dieser »automatisch« Schach bietet. Die Pointe ist, daß die abziehende Figur nicht geschlagen werden kann, weil ja das Abzugsschach abgewehrt werden muß!

1. . . . **Lc8–e6**

2. [ ]

Weiß am Zug bietet Abzugsschach:

1. **Le4xb7+**

Hier noch eine berühmte Meisterpartie, deren Abzugsschach-Kombination wie Zauberei anmutet.

Übung 44:

Diagramm 46:

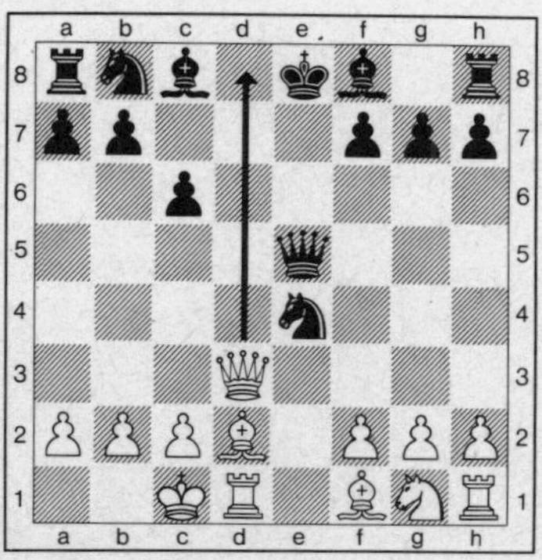

1. **Dd3–d8+!!**

Weiß bietet Schach, nur um im nächsten Zug ein Abzugsschach bieten zu können. Aber was für eines!?

1. . . . **Ke8xd8**

2. **Ld2–g5++**

Abzugs- und Doppelschach durch Läufer und Turm!

2. . . . **Kd8–c7**

3. [ ] matt!

Weiß am Zug

Ersticktes Matt

Lektion 25

Ein brillantes Kombinationsmotiv ist das sogenannte »Erstickte Matt«.

Übung 45:

Diagramm 47:

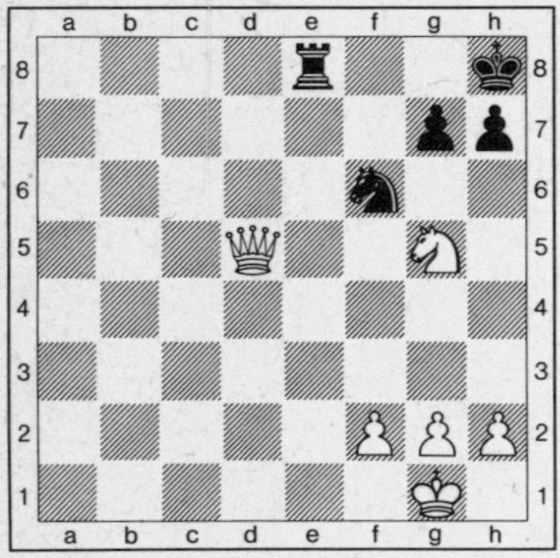

Weiß am Zug setzt matt in 4 Zügen

1. **Sg5–f7+** **Kh8–g8**
2. **Sf7–h6++**

Ein Abzugs-Doppelschach. Der Springer ist nicht mehr zu nehmen!

2. **. . .** **Kg8–h8**
3. **Dd5–g8+!!**

Wieder ein sensationelles Damenopfer!

3. **. . .** **Te8xg8**

Wie der schwarze König nun den »Erstickungstod« erleidet, möge der Leser selbst herausfinden.

4. [ ] matt!

Angriff gegen eine Schutzfigur

Lektion 26

Schlagen wir eine Verteidigungsfigur des Gegners, so werden neue Drohungen wirksam. Die folgende Übung ist dafür ein gutes Beispiel.

Übung 46: Der Sf6 ist wie so oft die wichtigste Verteidigungsfigur des schwarzen Königs. Gegen diesen Springer ist die nächste weiße Aktion gerichtet (s. Diagramm 48):

1. **Lc1–g5!** **h7–h6?**

Möchte den Eindringling gleich vertreiben, übersieht aber die drohende Gefahr.

2. **Lg5xf6!**

Abtausch der Schutzfigur.

2. **. . .** **Le7xf6**

Welche Drohung wird nach dem Verschwinden des Sf6 wirksam?

3. [ ]

Diagramm 48:

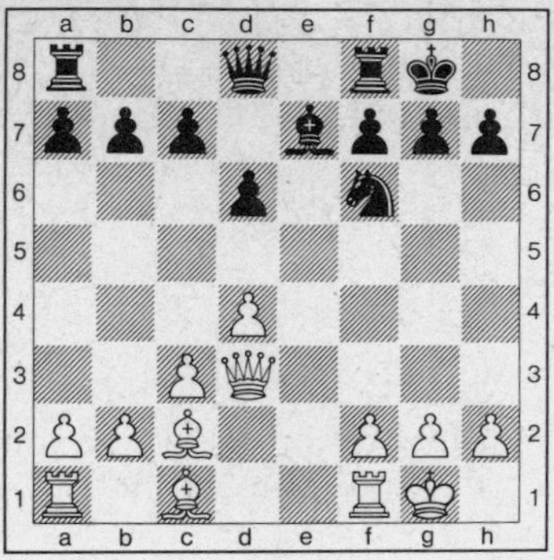

Weiß am Zug: Angriff gegen die Schutzfigur Sf6

Übung 47: Ein anderer Angriff auf eine Schutzfigur führt in Diagramm 49 zwar nicht zum Matt, ist aber dennoch sehr wirkungsvoll.

Diagramm 49:

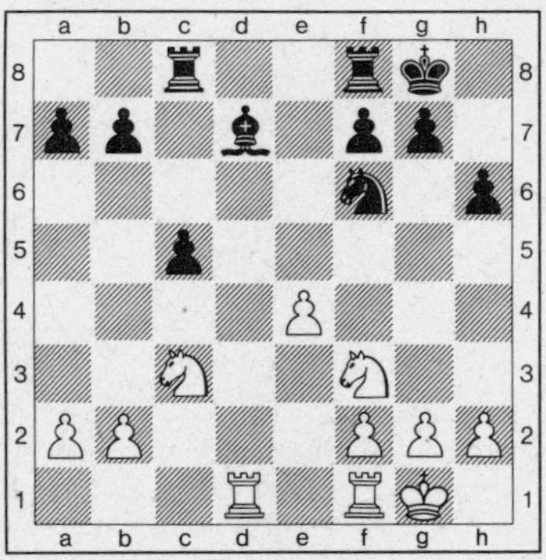

1.

2.

Weiß am Zug

Testprogramm »Kombinationsspiel«

Die Aufgaben finden Sie immer auf der rechten Seite (gekennzeichnet mit dem Buchstaben A), die dazugehörenden Auflösungen immer auf der folgenden linken Seite (gekennzeichnet mit dem Buchstaben L). Aufgabe und dazugehörige Auflösung sind gleich numeriert.

A

1. Nach den Zügen
1. **e2–e4 e7–e5**,
2. **Sb1–c3 Sg8–f6**,
3. **Lf1–c4** entsteht folgende Diagrammstellung:

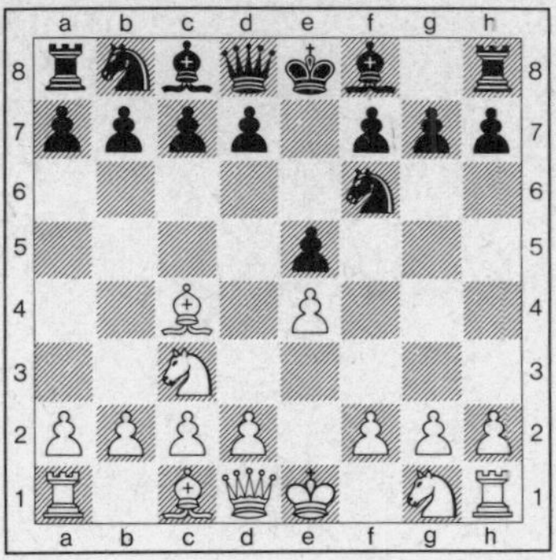

Schwarz am Zug

3. ... **Sf6xe4!?**
4. **Sc3xe4**

2. Weiß am Zug kann eine schwerwiegende Gabeldrohung aufstellen. Wie?

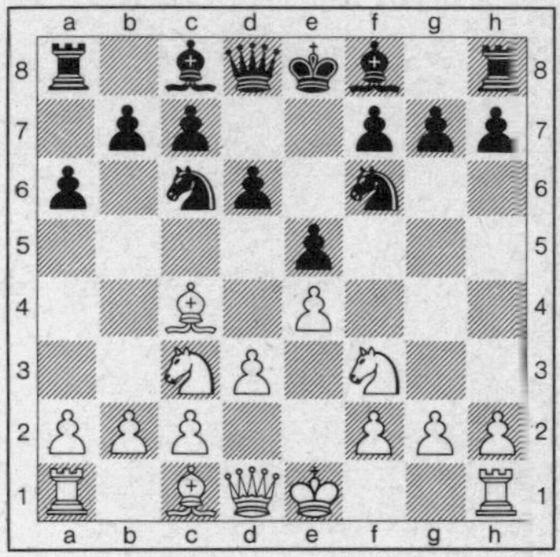

Weiß am Zug

1. **Lf8–e7**
2.

3. Weiß ist eine Unaufmerksamkeit unterlaufen. Schwarz kann Material gewinnen.

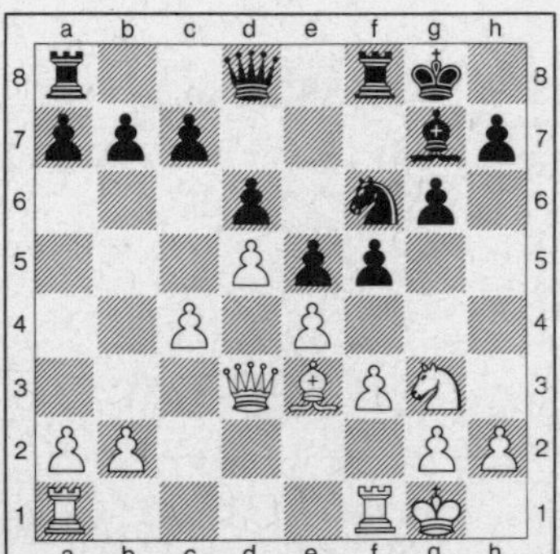

Schwarz am Zug

1. ...

4. Weiß gewinnt Material. Wie?

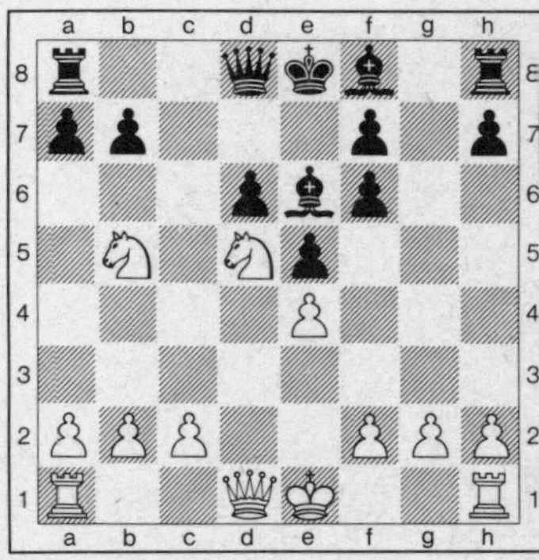

Weiß am Zug

1.
2.

L

1. 3. . . . **Sf6xe4!?**
4. **Sc3xe4** **d7–d5!**

Die Pointe des verblüffenden Figurenopfers: eine Bauerngabel!

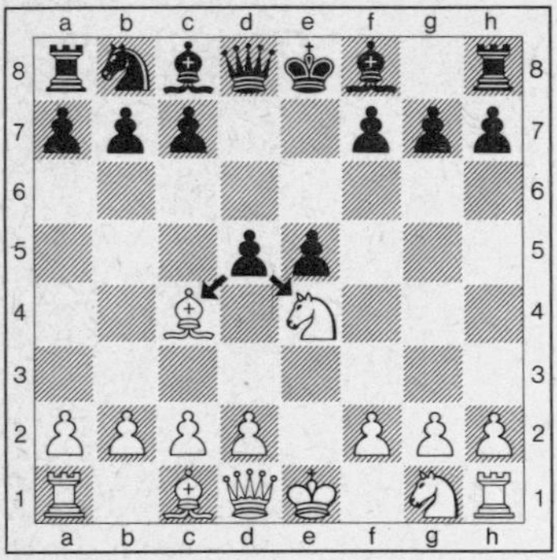

Weiß am Zug. Möglich ist:

5. **Lc4–d3** **d5 x e4**
6. **Ld3 x e4**

Materialabstand wieder gleich.

2. 1. **Sf3–g5!**

Die drohende Springergabel ist nicht gut zu parieren.

1. . . . **Lf8–e7**

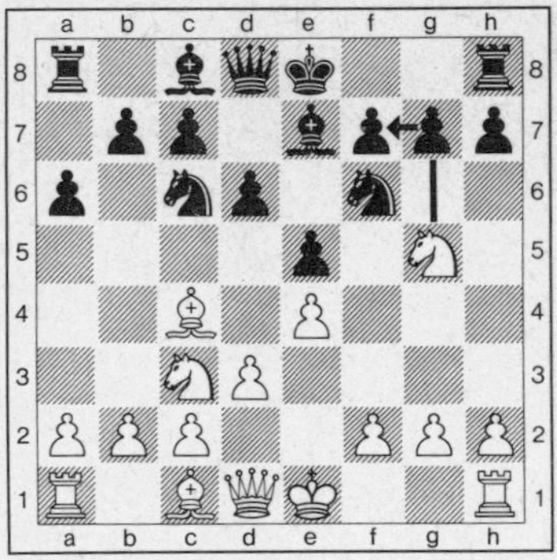

2. **Sg5xf7!**

Dame und Turm bedroht! Der Turm ist verloren.

2. . . . **Dd8–d7**,
3. **Sf7xh8**.

3. Schwarz kann eine Bauerngabel ausführen:

1. . . . **f5–f4!**

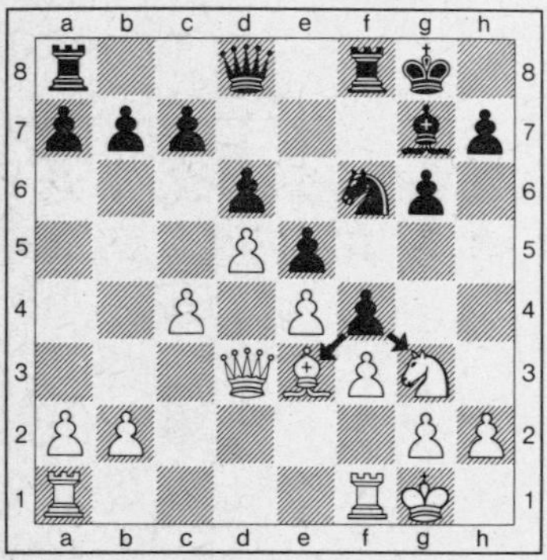

Weiß verliert eine Figur gegen nur einen Bauern:

2. **Le3xf4** **e5xf4**
3. **Sg3–e2**

und Schwarz ist klar im Vorteil.

4. Weiß hat die Möglichkeit, eine Springergabel zu geben:

1. **Sb5–c7+** (**Sd5–c7+**)

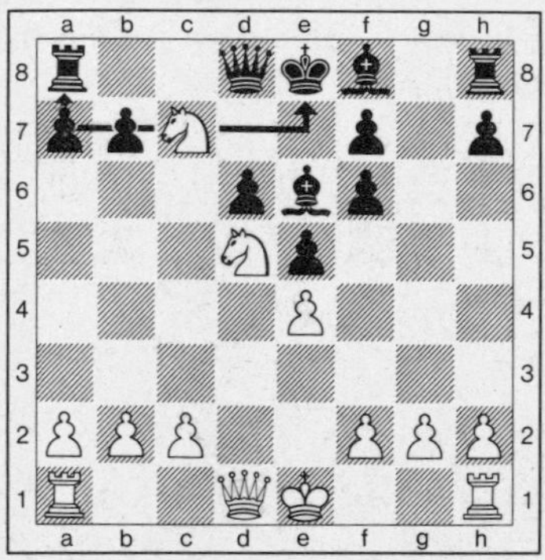

Der Springer bedroht König und Turm! Springer (gedeckt, De8 kann nicht schlagen) bedroht König und Turm. Mögl.:

1. . . . **Ke8–d7**
2. **Sc7 x a8** Vorteil Weiß!

5. Schwarz hat soeben den listigen Zug 1. . . . **d6–d5!** gemacht. Weiß glaubt, den ungedeckten Bauern nehmen zu dürfen.

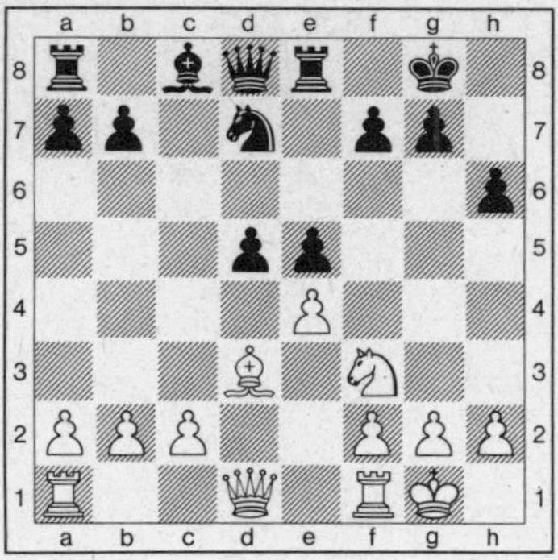

Weiß am Zug

2. **e4xd5?**

3.

6. Schwarz hat den ungedeckten Bauern a7 gesehen. Er nimmt ihn – und tappt in die Falle!

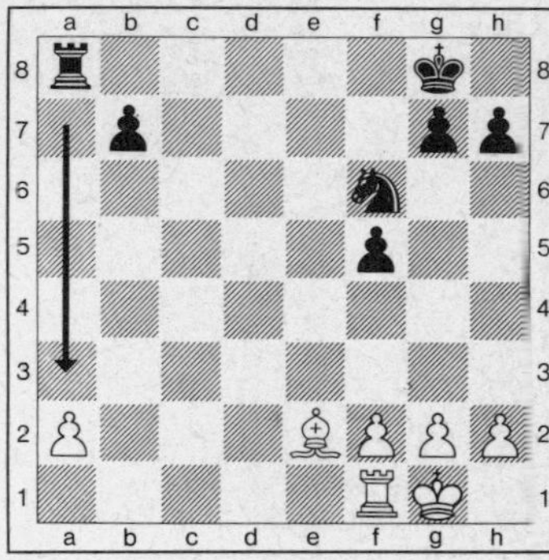

Schwarz am Zug

1. . . . **Ta8xa2?**

2.

3.

7. Mit einem Doppelangriff kann Weiß seinen Gegner für die aufgeschobene Rochade bestrafen.

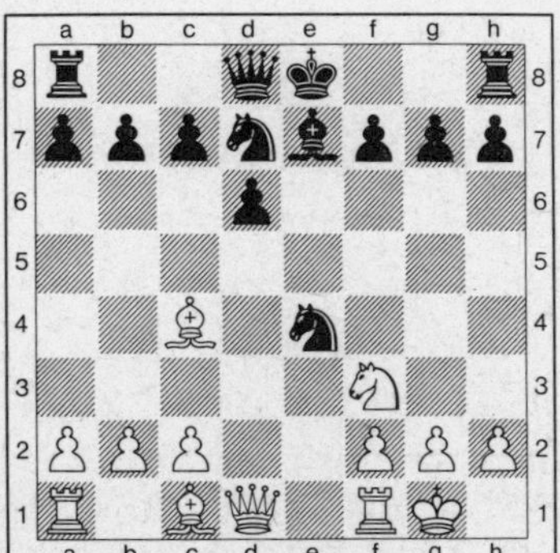

Weiß am Zug

1.

2.

8. Weiß gibt ein phantastisches »Abzug-Doppelschach«. Der verblüffte Gegner muß sofort die Segel streichen!

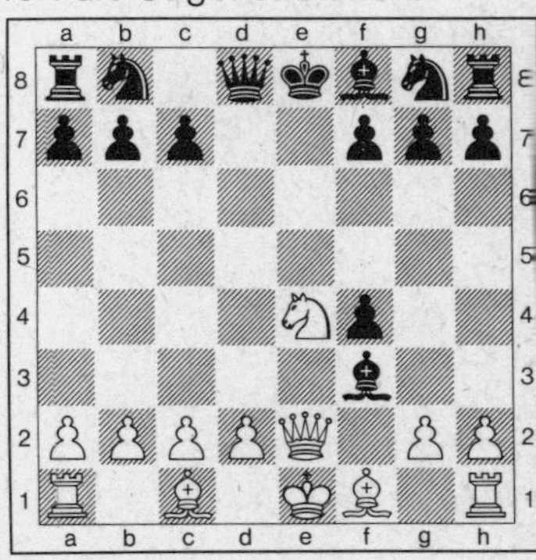

Weiß am Zug

1. matt

L

5. 2. **e4xd5? e5–e4!**
Kurz nicht aufgepaßt – und schon hereingefallen!

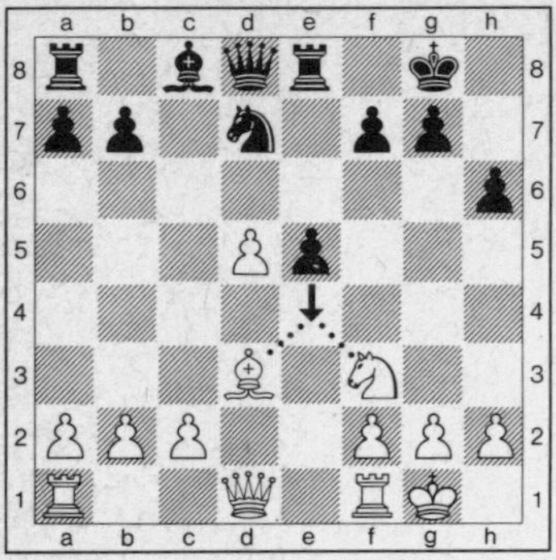

Eine fatale Bauerngabel!
3. **Ld3 x e4** (u. a.) **Te8 x e4**
Schwarz hat sich jetzt einen Vorteil erkämpft.

6. 2. **Le2–c4+!**
Der leichtsinnige Turm tappt in die Falle!

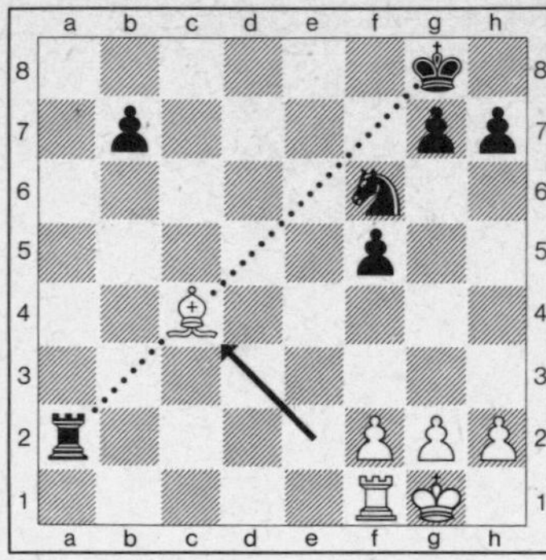

König und Turm sind angegriffen. Es könnte folgen:
2. **. . . Kg8–f8** (u. a.)
3. **Lc4 x a2**.

7. 1. **Dd1–d5!**
droht auf f7 das Matt an und attackiert den Springer.

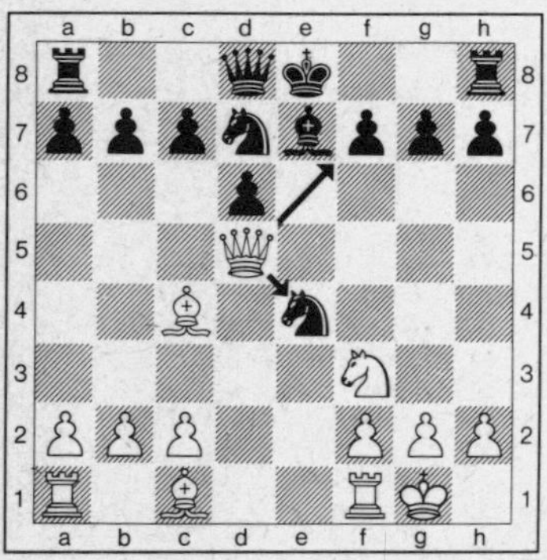

Schwarz muß in dieser schwierigen Situation wenigstens den König retten:
1. **. . . 0–0**,
2. **Dd5xe4**
und Weiß hat eine Figur gewonnen!

8. 1. **Se4–f6++!**
Abzugs-Doppelschach und matt!

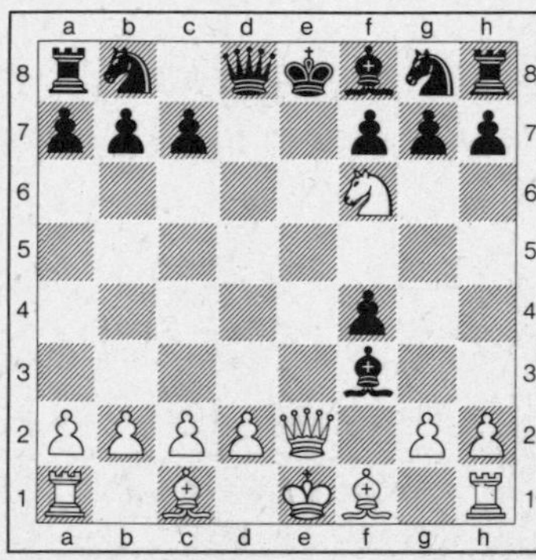

Schwarz kann die Dame nicht nehmen, weil auch der Springer Schach bietet. Der Springer kann nicht genommen werden, weil die Dame Schach bietet. Andererseits kann sich der König auch nicht auf andere Art retten – schachmatt!

9. Der schwarze Td8 hat nicht nur den Sd5 zu decken, er muß auch verhindern, daß sein König auf der Grundlinie mattgesetzt wird. Mit dieser doppelten Aufgabe ist er überlastet.

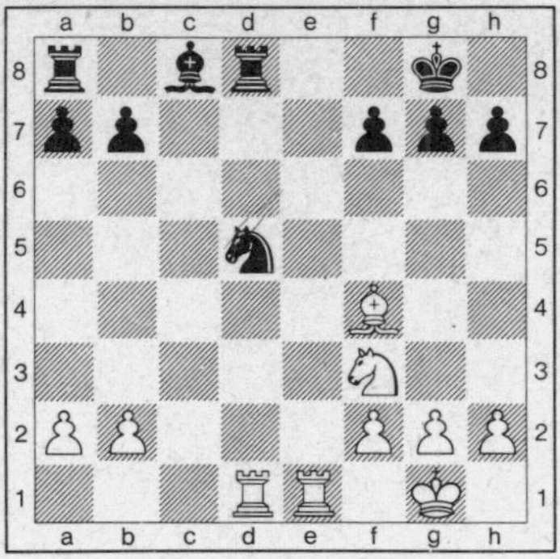

Weiß am Zug

1.

2.

10. Hier nutzt Weiß die Fesselung des Se4 aus.

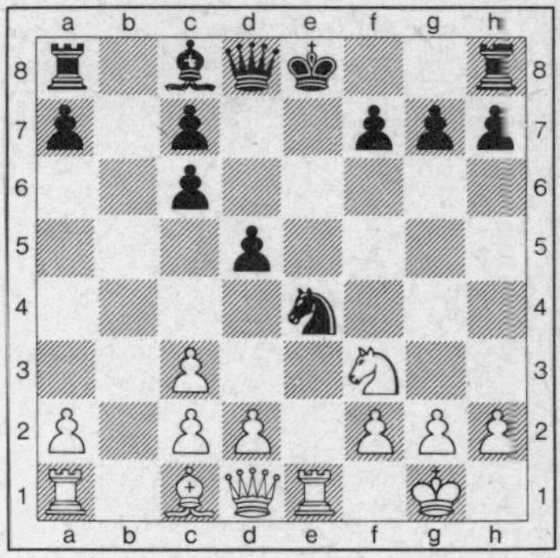

Weiß am Zug

1.

2.

11. Mit einer unabwendbaren Fesselung gewinnt Weiß die Dame!

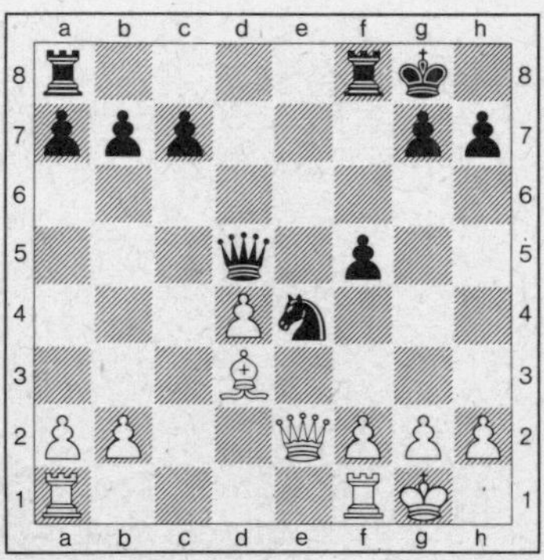

Weiß am Zug

1.

12. Mit einem ähnlichen Motiv erzwingt Schwarz hier eine rasche Entscheidung.

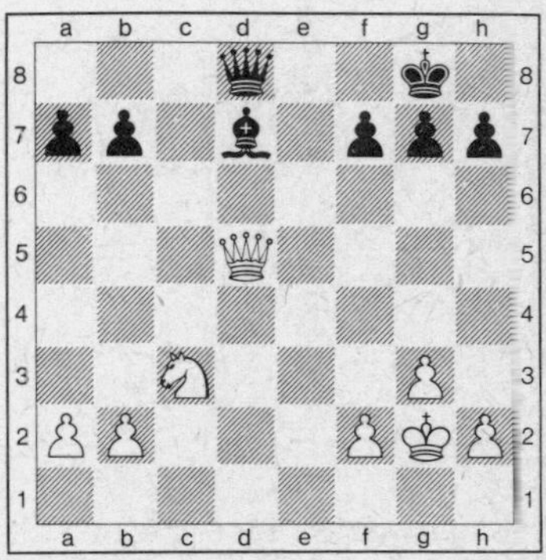

Schwarz am Zug

1. ...

9. Weiß zieht geschickt
1. **Td1xd5!**

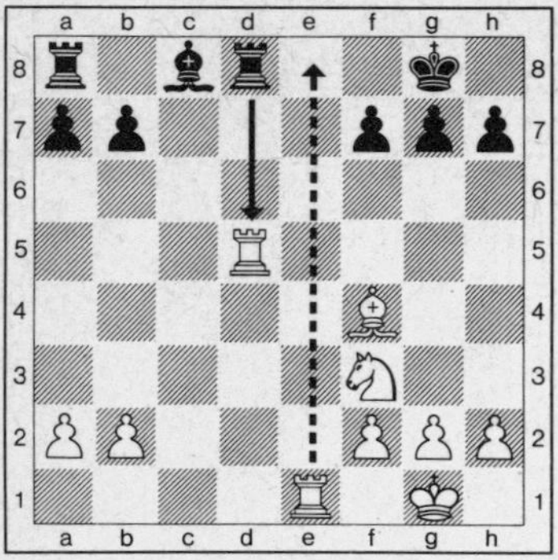

1. **. . .** **Td8xd5** (u.a.)
2. **Te1–e8** matt!

Weiß hat den Sd5 gewonnen!
1. **Lf4–c7** geht auch.

10. Eine gefesselte Figur muß stillhalten!
1. **d2–d3!**

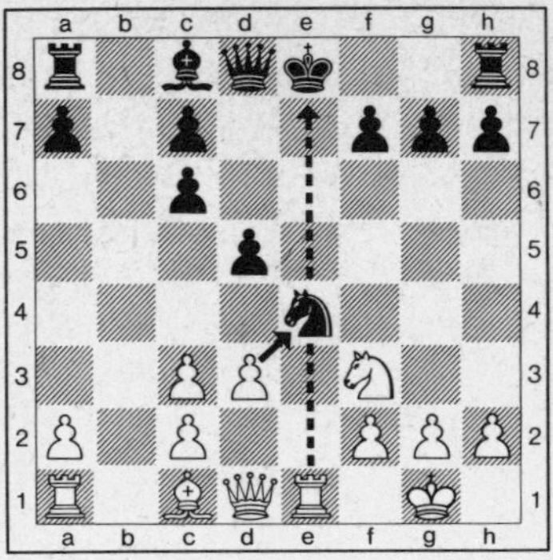

1. **. . .** **Lc8–f5** (u.a.)
2. **d3xe4** **Lf5xe4**

mit Vorteil für Weiß.

11. 1. **Ld3–c4!**
fesselt die Dame einmal über die Diagonale.

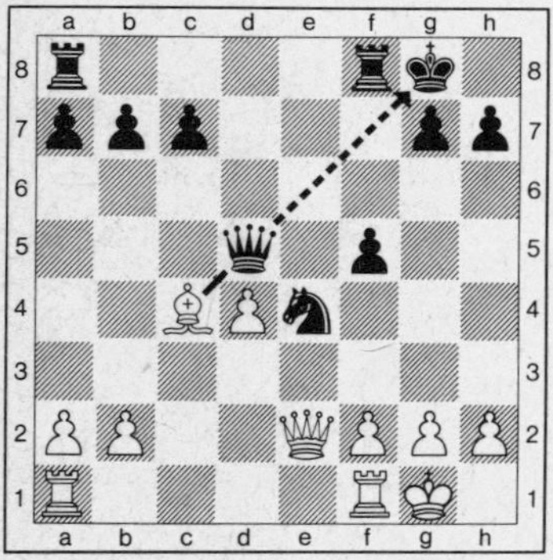

Nach z.B.
1. **. . .** **c7–c6**
2. **Lc4xd5+** **c6xd5**

hat Weiß Dame gegen Läufer gewonnen – ein Vorteil, der fast schon den Sieg bedeutet.

12. 1. **. . .** **Ld7–c6!**
fesselt die Dame.

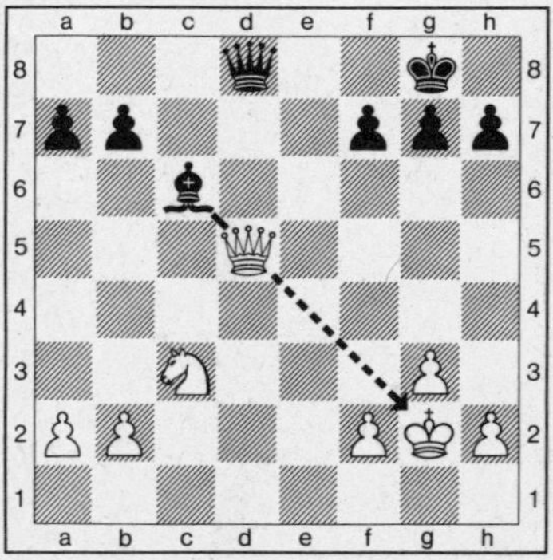

Nach z.B.
2. **Dd5xc6** **b7xc6**

ist Schwarz im Mehrbesitz einer Dame gegen nur einen Läufer. Die Kampfkraft von Weiß ist geschwächt.

A

13. Nun folgt eine etwas kniffligere Aufgabe. Weiß nutzt die Fesselung des Bauern f7 (durch den Lb3) aus, ein Matt anzudrohen.

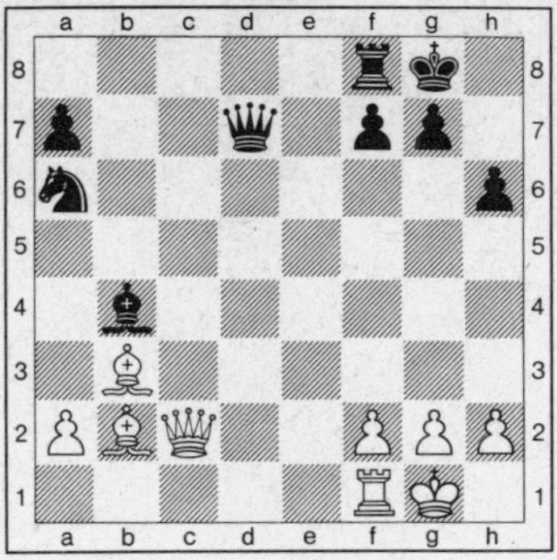

Weiß am Zug

1.

2.

14. Weiß hat mit der Dame und dem Läufer ein schweres Geschütz gegen h7 aufgefahren. h7 scheint vom Sf6 ausreichend geschützt – oder?

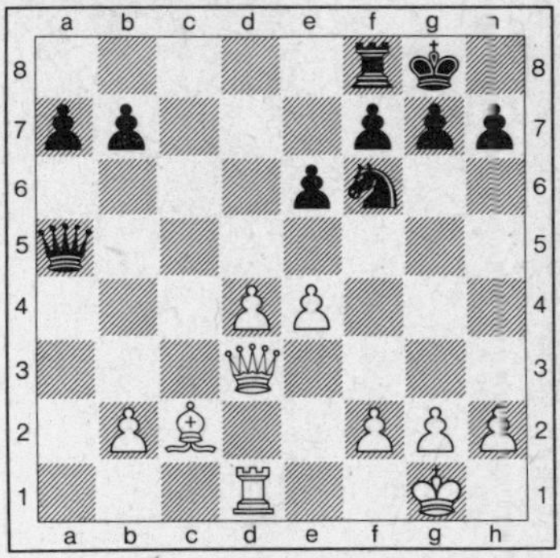

Weiß am Zug

1.

2.

15. Weiß nutzt die entblößte Königsstellung seines Gegners aus, um das Matt anzudrohen.

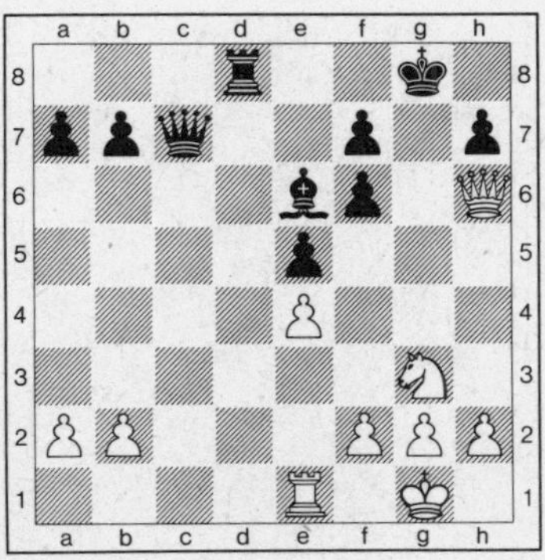

Weiß am Zug

1.

2. matt!

16. Weiß scheut auch nicht das Opfer eines Springers, um den feindlichen König vollends zu entblößen.

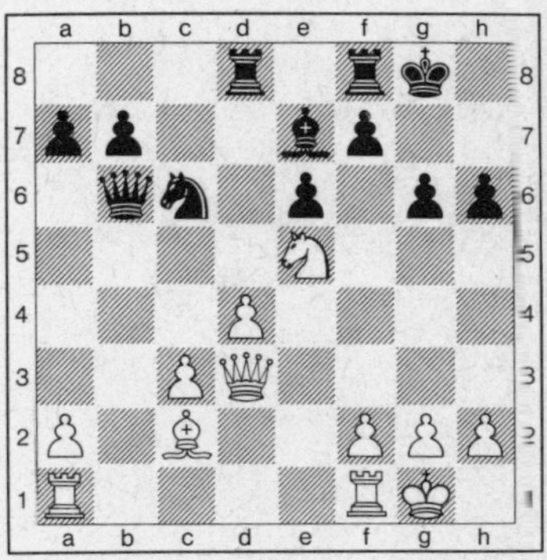

Weiß am Zug

1.

2.

3. matt!

13. 1. **Dc2–g6!**
zaubert Weiß aus dem Ärmel. Die Dame ist nicht zu schlagen, denn der Bauer f7 ist gefesselt. Außerdem droht das Matt auf g7.

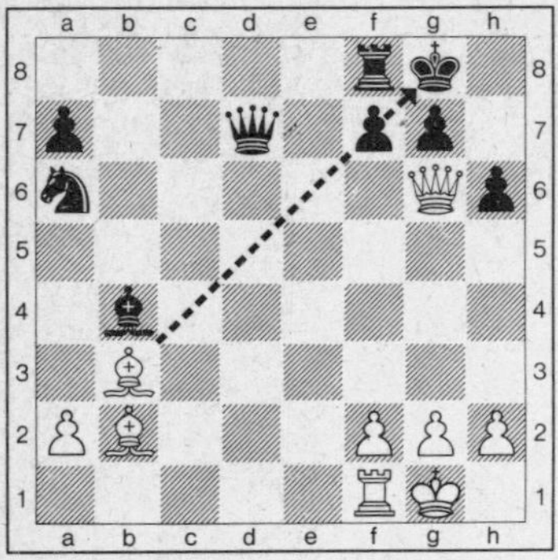

1. **...** **Sa6–c5** (u. a.)
2. **Dg6 x g7** matt!

Die beiden weißen Läufer arbeiten hier glänzend zusammen.

14. 1. **e4–e5!**
öffnet den Weg nach h7 und vertreibt den Sf6.

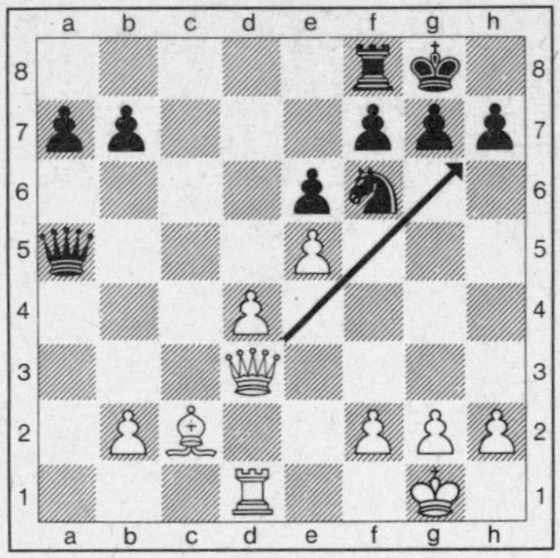

1. **...** **Sf6–d5** (u. a.)
2. **Dd3 x h7** matt!

Um dem Matt zu entgehen, müßte Schwarz also den Springer geben.

15. 1. **Sg3–h5!**
Weiß führt eine weitere Angriffsfigur heran.

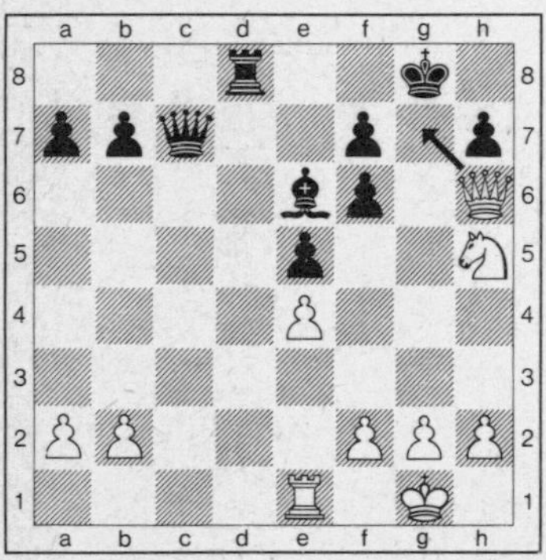

1. **...** **Dc7–e7** (u. a.)
2. **Dh6–g7** matt!

Das Matt war nicht zu decken.

16. 1. **Se5 x g6!**
zertrümmert den Schutzwall vor dem König und ermöglicht den Einsatz der weißen Dame.

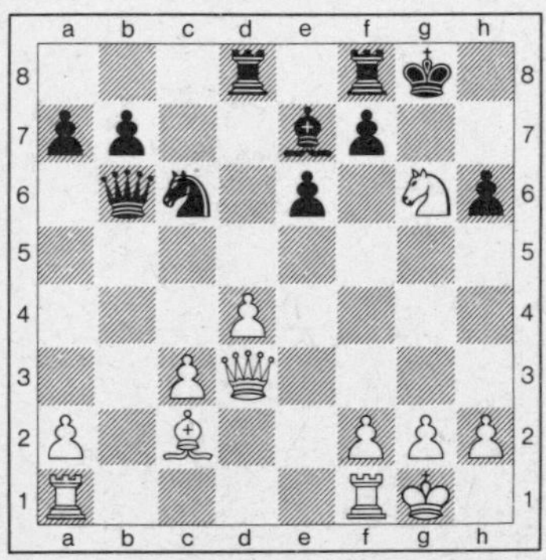

1. **...** **f7 x g6** (u. a.)
2. **Dd3 x g6+** **Kg8–h8**
3. **Dg6–h7** matt!

A

17. Weiß nutzt die Angriffslinie seines Turms und die Fesselung des g-Bauern zum entscheidenden Angriff.

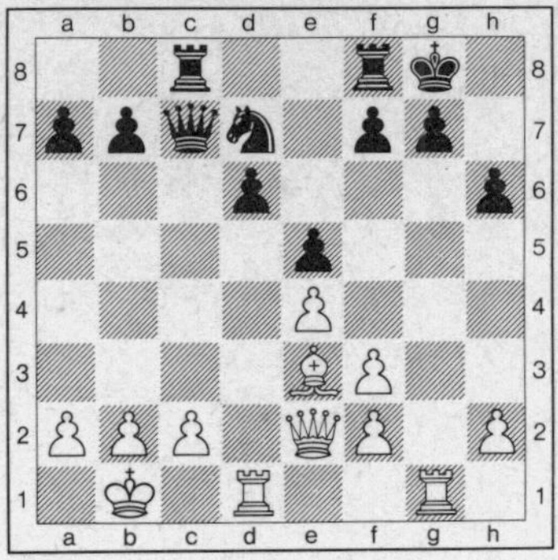

Weiß am Zug

1. ______

18. Hier kommt Weiß nur mit einem verblüffenden Läuferopfer ans Ziel:

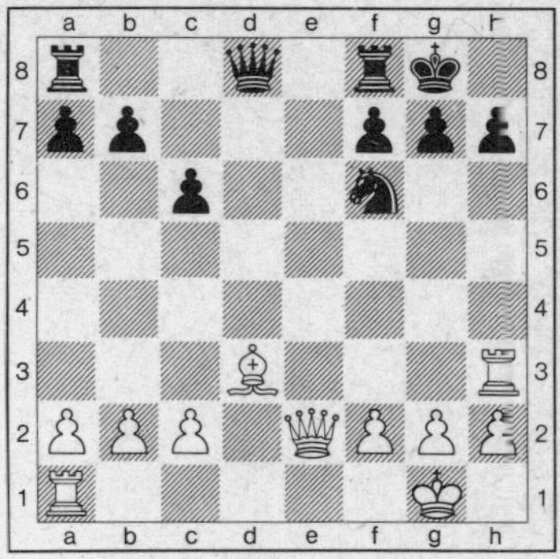

Weiß am Zug

1. **Ld3xh7+!** **Sf6xh7**

Wie geht es weiter?

2. ______ **Sh7–f6**

3. ______ matt!

19. Schwarz kann hier den weißen Läufer erobern. Wie?

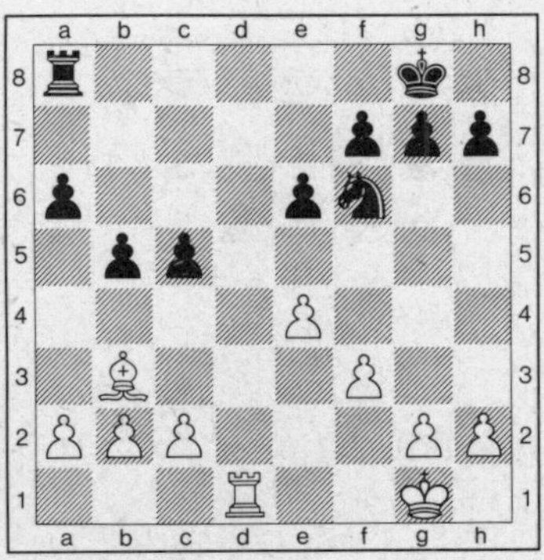

Schwarz am Zug

1. ... ______

20. Weiß ist bester Laune: Dd4 ist vom Sf3 gedeckt, Sf3 ist gleichfalls gedeckt. Was kann also passieren?

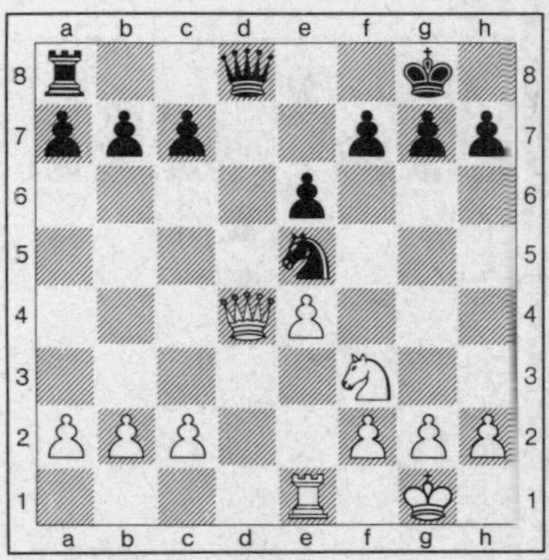

Schwarz am Zug

1. ... ______

2. ______ ______

L

17. 1. **Le3xh6!**
Wegen der Fesselung des g-Bauern ist der Läufer tabu.

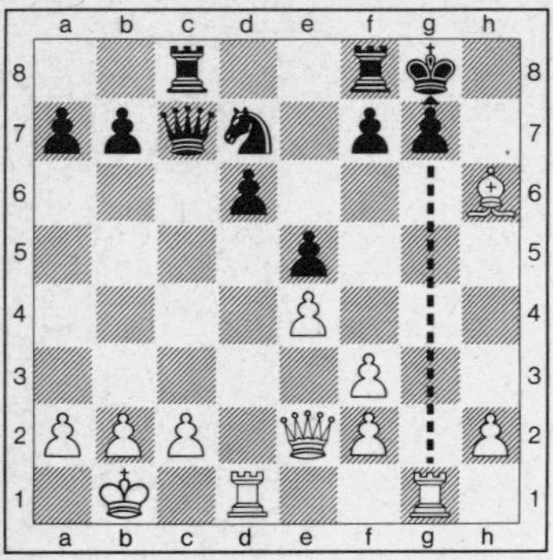

Jetzt droht
2. **Tg1xg7+**.
Es könnte folgen:
1. **. . .** **g7–g6**
2. **Lh6 x f8**
mit Vorteil für Weiß.

18. 1. **Ld3xh7+!** **Sf6xh7**
2. **De2–h5!**
Die Ablenkung des Sf6 ermöglicht den Großeinsatz auf der h-Linie.

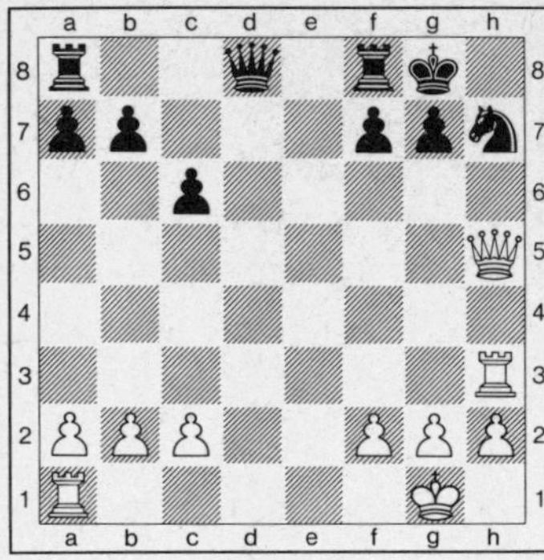

Jetzt droht
3. **Dh5xh7** matt.
2. **. . .** **Sh7–f6** (u. a.)
3. **Dh5–h8** matt!

19. 1. **. . .** **c5–c4**
greift den Läufer an, der kein Fluchtfeld besitzt – er ist eingesperrt.

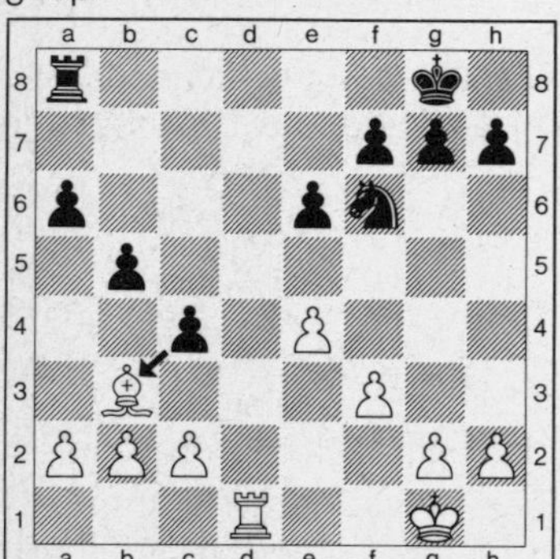

2. **Lb3xc4** **b5xc4**
Schwarz ist im Vorteil.

20. 1. **. . .** **Se5xf3+!**
Die Schutzfigur der weißen Dame wird entfernt.

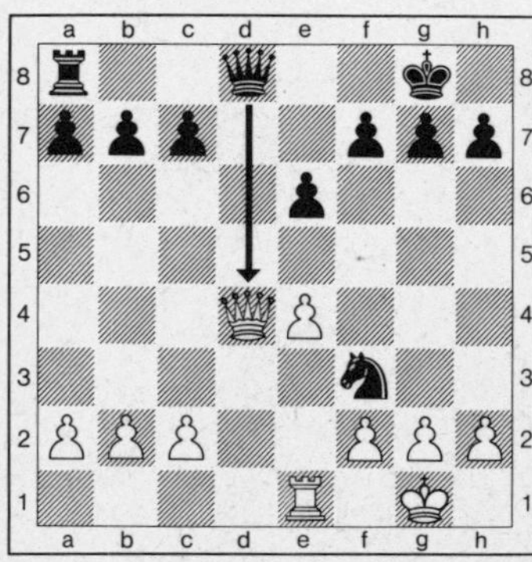

2. **g2xf3** **Dd8xd4**
Schwarz hat die Dame gewonnen.

Sie haben es geschafft! Sicher haben Sie gemerkt, daß die Aufgaben schwieriger geworden sind. Werten Sie eine Aufgabe als gelöst, wenn Sie die Entscheidungszüge richtig notiert haben.

Bitte zählen Sie wieder alle richtigen Lösungen zusammen:

18–20 richtige Lösungen: Gratuliere, Sie haben schon jetzt einen sicheren Blick für Kombinationen. Fahren Sie fort im Text!

14–17 richtige Lösungen: Sie haben die Sache gut gemacht. Bestimmt haben Sie an den verblüffenden Ideen Gefallen gefunden. Gehen Sie die falsch gelösten Aufgaben nach Abschluß des nächsten Kapitels nochmals durch!

9–13 richtige Lösungen: Sie dürfen zufrieden sein; Sie haben viel gesehen und noch mehr dazugelernt. Wiederholen Sie das Programm nach Abschluß des nächsten Kapitels.

8 oder weniger richtige Lösungen: Nur nicht den Mut verlieren! Das Schachspiel wurde auch nicht an einem Tage erfunden. Gehen Sie die Aufgaben mit den Kombinationsmotiven nochmals durch, bevor Sie im Text fortfahren. Das ganze Programm wiederholen Sie bitte nach Abschluß des nächsten Kapitels! Sicherlich haben Sie dann keinerlei Mühe mehr.

Sie werden vielleicht an dieser Stelle die Frage stellen: Wie läßt sich denn solch ein Materialvorteil zum Siege verwerten? Dazu gibt es zwei Methoden:

1 Die materielle Übermacht erleichtert weitere Angriffe. Der kräftemäßig überlegenen Partei wird es leicht gelingen, den Gegner zu überwältigen.
2 Durch Abtausch wird das Gewicht des Materialvorteils vergrößert. Die Entscheidung bringt häufig die Umwandlung eines Bauern zur Dame!

Zur praktischen Erprobung dieser Methoden dient das Abschluß-Testprogramm.

Schließlich werden Sie sich mit Recht fragen: Wie gelange ich zu solchen Stellungen, in denen Kombinationen möglich sind? Antwort: durch gutes Stellungsspiel (Positionsspiel).

Der Begriff ist aus dem Sport bekannt. Ein Torwart kann mit gutem Stellungsspiel die Chancen der gegnerischen Stürmer, ein Tor zu erzielen, vermindern. So ist es auch in der Schachstrategie: Gutes Positionsspiel erhöht die Chancen, irgendwann die entscheidende Kombination ausführen zu können. Wie man geschickt auf Position spielt, darüber gibt das nächste Kapitel Antwort.

Positionsspiel

Was wollen wir konkret untersuchen? Wir gehen davon aus, daß beide Parteien ihre Figuren befriedigend entwickelt haben. Wie müssen wir nun spielen, welchen Plan sollen wir fassen?
Tatsächlich scheint die Behandlung dieser Problematik schwierig zu sein, denn die herkömmlichen Lehrbücher für Anfänger behandeln dieses Thema – wenn überhaupt – ausgesprochen stiefmütterlich.
Ganz allgemein lassen sich die schachtheoretischen Erkenntnisse der letzten Jahre so zusammenfassen: Durch schrittweise Verbesserung der Position wird die Grundlage zum entscheidenden Angriff geschaffen. Dies geschieht dadurch, daß wir die Aktivität unserer Figuren vergrößern.
Diese »Strategie der kleinen Schritte« nennt man Positionsspiel.

Das schrittweise Verstärken der Stellung heißt »Positionsspiel«.

Methoden des Positionsspiels sind:
A) Die Figuren wirksamer aufstellen
B) Die gutstehenden Figuren des Gegners vertreiben
C) Die gutstehenden Figuren des Gegners abtauschen (Schwächung der gegnerischen Figurenkräfte)
D) Durch Bauernvorstöße die Figurenkräfte erhöhen

Das Lavieren

Lektion 27

Das Bemühen, die Aufstellung der Figuren zu verbessern, nennt man »Lavieren«. Manche Meister verstehen es geradezu genial, auf diese Weise den Gegner auszumanövrieren.
Wir beschränken uns darauf, einige Richtlinien zu erarbeiten, wo die einzelnen Figuren am besten postiert werden.

Beginnen wir mit dem *König:* Je wilder das Getümmel, desto lieber verzieht er sich in ein stilles Eckchen. Erst wenn die Mehrzahl der Figuren abgetauscht ist, kommt er wieder zum Vorschein und wird aktiv.

König in die Ecke stellen (**0–0** oder **0–0–0**)!

Die *Dame* besitzt einen großen Aktionsradius. Sie kann gut aus der Ferne wirken. Dies ist oft günstig, weil sie »an der Front« leicht bedrängt werden kann und sich wieder zurückziehen muß.

Dame nicht zu früh ins Spiel bringen. Sie wirkt oft am besten aus der Ferne.

Die *Türme* wirken am stärksten auf offenen (d. h. von Bauern befreiten) Linien. Ein Bauerntausch erhöht immer die Wirkung der Türme. Auf einer Linie verdoppelte Türme entfalten enorme Kraft (Im Diagramm 51, Seite 90 unten, beherrschen Te2 und Te1 die e-Linie).

Türme auf offene Linien stellen bzw. auf Linien, wo eine Öffnung wahrscheinlich ist. Turmverdoppelung!

Für die *Läufer* gilt: sie wirken am besten auf offenen Diagonalen. Besonders kraftvoll sind zwei harmonisch zusammenwirkende Läufer (Diagramm 51, das Läuferpaar Lc2 und Lb2).

Läufer auf wichtige Diagonalen stellen. Läuferpaar!

Nach der Eröffnung stehen die *Springer* gewöhnlich auf c3 und f3 (bzw. c6 und f6). Springer haben kurze Beine. Sollen sie im Angriff mitwirken, so müssen sie nahe ans Kampfgeschehen herangeführt werden. Geeignet als Stützpunkt ist ein Feld, auf dem er nicht von gegnerischen Bauern angegriffen werden kann (Diagramm 51, das Loch auf d5 ist ein guter Stützpunkt für den Springer!).

Springer auf f3 und c3 (f6 und c6) beherrschen das Zentrum. Stützpunkt einnehmen, wo der Springer nicht von Bauern vertrieben werden kann!

Die oben angeführten Richtlinien sind nicht als Merkregeln sondern lediglich als Anhaltspunkte für den Lernenden zu betrachten. Es ist daher wichtig, daß sie dem Leser logisch und einleuchtend erscheinen.
Um ihm ein Auswendiglernen zu ersparen, möge er sie für die nächsten Übungen ruhig zu Rate ziehen.

Übung 48: Im folgenden Diagramm geben Sie bitte Ihr überlegtes Urteil ab:
Welche der Figuren sind bereits gut postiert?
Welche stehen schlecht und sollten auf ein besseres Feld gezogen werden?

Diagramm 50:

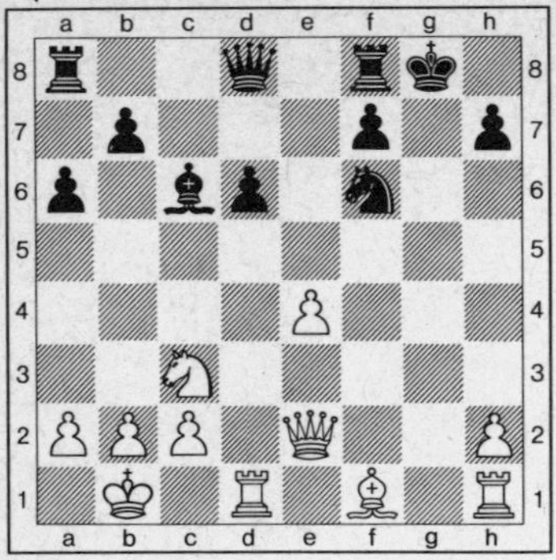

Weiß	gut	schlecht
Kb1		
De2		
Td1		
Th1		
Lf1		
Sc3		
Schwarz	**gut**	**schlecht**
Kg8		
Dd8		
Ta8		
Tf8		
Lc6		
Sf6		

Übung 49: Im untenstehenden Diagramm stehen die weißen Figuren optimal: das Läuferpaar, die doppelten Türme, der Springer im »Loch«, die Dame einsatzbereit im Hintergrund, und schließlich der König völlig sicher in der Ecke.

Diagramm 51:

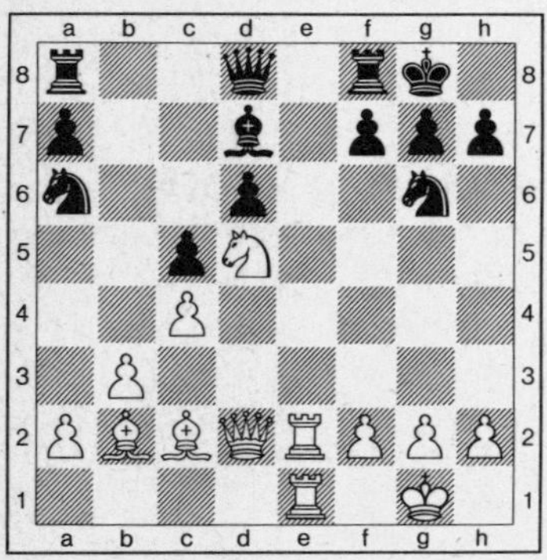

Weiß am Zug gewinnt

1. **Dd2–c3** **f7–f6**
   Weiß drohte ______
2. **Dc3–g3** Bd6, Sg6 bedroht.
2. . . . **Sg6–e5**
3. **f2–f4** vertreibt den störenden Se5 und öffnet wieder die Bahn für den Lb2.
3. . . . **Se5–f7**
4. **Lb2xf6!!** Überraschend! Der Läufer ist tabu, denn Bauer g7 ist gefesselt.
4. . . . **Dd8–a5**
5. ______

Wir kommen schließlich zu der »Kunst der Bauernführung«. Die *Bauern* dürfen nicht rückwärts ziehen. Schlechte Bauernzüge sind daher irreparabel! Jeder Vorstoß eines Bauern schafft den eigenen Figuren mehr Bewegungsfreiheit (Raumvorteil). Unvorsichtig ausgeführt lockern sie aber die Stellung auf, so daß der Gegner Angriffschancen bekommt.

> *Bauern* nur planvoll vorstoßen lassen. Vorrückende Bauern sind Wegbereiter für die Figuren.

Übung 50: Beide Parteien verbessern sich nach und nach.

Diagramm 52:

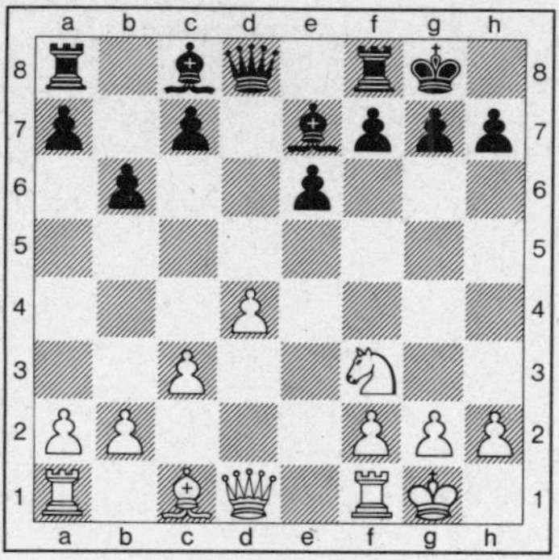

1. **Lc1–** ☐ **Lc8–** ☐
2. **Tf1–** ☐ **Le7–** ☐
3. **Dd1–** ☐ **Dd8–** ☐
4. **Ta1–** ☐ **Ta8–** ☐
5. **Sf3–** ☐ **Tf8–** ☐
6. ☐

Weiß am Zug

Schwächung der gegnerischen Figurenkräfte — Lektion 28

Die harmonische Zusammenarbeit der Figuren wird empfindlich gestört, wenn eine gut stehende Figur angegriffen und vertrieben wird.

Übung 51: Die weißen Figuren sind recht gut postiert; sie beherrschen das Zentrum. Schwarz bringt nun diese Aufstellung in Unordnung und gewinnt einen Bauern.

Diagramm 52:

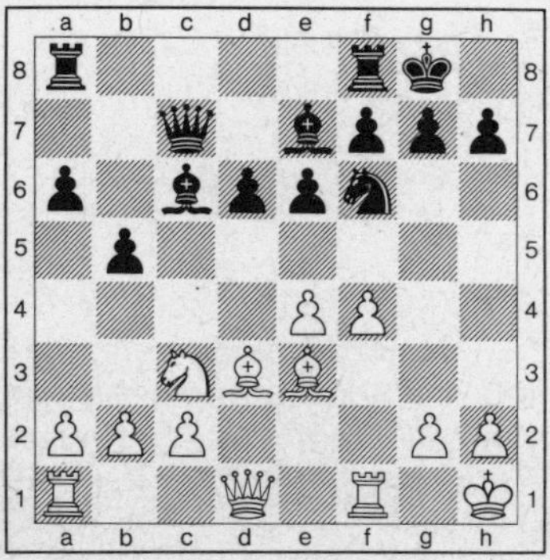

1. . . . ☐
2. ☐ ☐

Schwarz am Zug

Der Abtausch

Lektion 29

Der Abtausch gleichwertigen Materials ist an sich weder nützlich noch schädlich. Trotzdem gibt es auch hier Feinheiten, die wir in drei Punkten zusammenfassen wollen:

1. Tausche gut postierte Figuren des Gegners gegen eigene, die weniger wirkungsvoll stehen.
2. Tausche Angriffsfiguren des Gegners, um die Verteidigung zu erleichtern.
3. Tausche Verteidigungsfiguren des Gegners, um den Angriff zu verstärken.

Diese drei Regeln sind sicher vernünftig und geben uns wertvolle Hinweise für den praktischen Kampf.

Übung 52: Wie beurteilen Sie die nachfolgenden Tauschaktionen von Weiß im Hinblick auf unsere Regeln?

Diagramm 54:

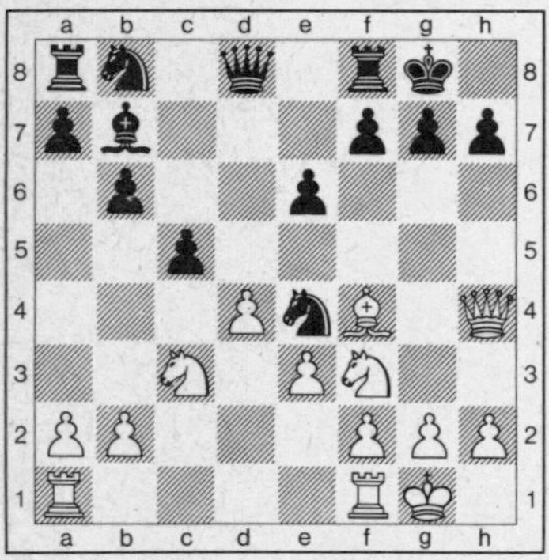

Weiß am Zug

1. **Dh4xd8** ☐ gut ☐ möglich ☐ schlecht
2. **Sc3xe4** ☐ gut ☐ möglich ☐ schlecht
3. **Lf4xb8** ☐ gut ☐ möglich ☐ schlecht
4. **d4xc5** ☐ gut ☐ möglich ☐ schlecht

Der Raum im Schach

Lektion 30

Die Vergrößerung der Bewegungsfreiheit und das Einschnüren des Gegners nennt man »Raumgewinn«.

Raumvorteil: größere Bewegungsfreiheit der Figuren

Die richtige Methode, sich mehr Raum zu verschaffen, hängt wesentlich von der Beschaffenheit des Zentrums ab. Sie ist oft mit dem Vorstoß von Bauern verbunden. Die Bauern dienen als Wegbereiter für die nachrückenden Figuren. Angriff im Zentrum: Der Vorstoß eines Bauern oder einer Figur im Zentrum ist die wirkungsvollste Methode, sich mehr Raum zu verschaffen.

Übung 53: Hier kommen zwei gute Manöver in Betracht. Was würden Sie spielen?

Diagramm 55:

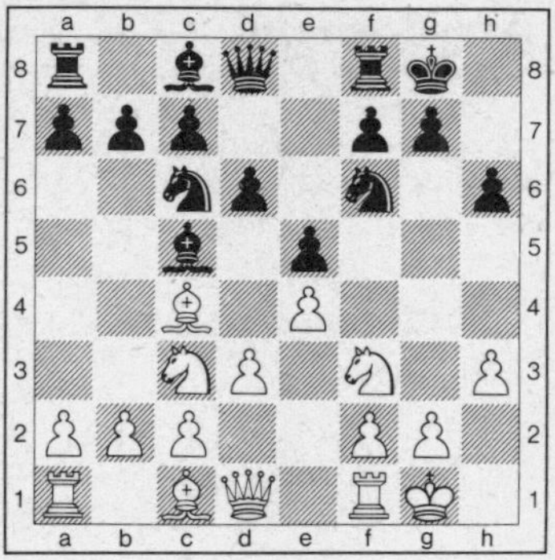

1. ______ **Lc5–b6**
2. ______

Weiß am Zug

Angriff auf dem Flügel: Ist das Zentrum geschlossen, so kann auf einem der Flügel vorgestoßen werden. Wirkungsvoll ist es oft auch, das Zentrum von der Seite her unter Beschuß zu nehmen.

Übung 54: Schwarz ist in die Defensive gedrängt. Es ist ein Glück, daß auch der Gegner sich wegen des verriegelten Zentrums noch nicht voll entfalten kann. Wie kann sich Schwarz befreien?

Diagramm 56:

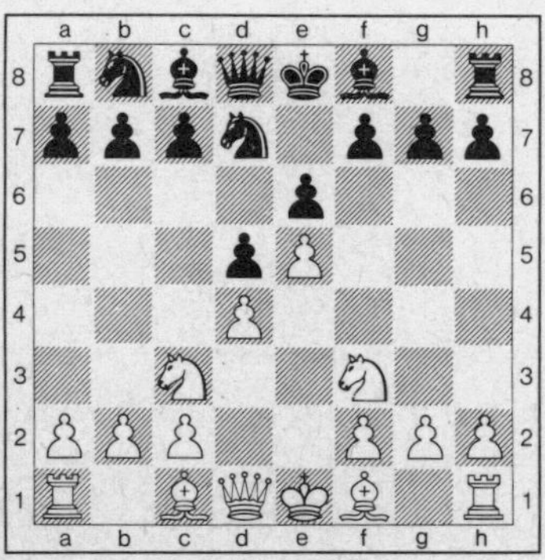

1. ... ______

Schwarz am Zug

Testprogramm »Spielregeln«

Die Aufgaben finden Sie immer auf der rechten Seite (gekennzeichnet mit dem Buchstaben A), die dazugehörenden Auflösungen immer auf der folgenden linken Seite (gekennzeichnet mit dem Buchstaben L). Aufgabe und dazugehörige Auflösung sind gleich numeriert.

A

1. Weiß verstärkt die Stellung.

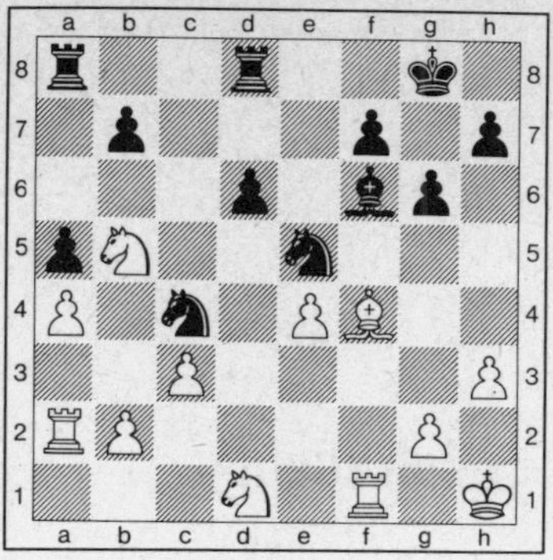

Weiß am Zug

1. **b2–** ☐ **Sc4–b6**
2. **Ta2–** ☐ **Sb6–c8**
3. **Sd1–** ☐ **Ta8–a6**
4. **Tf1–** ☐

2. Weiß verstärkt die Stellung.

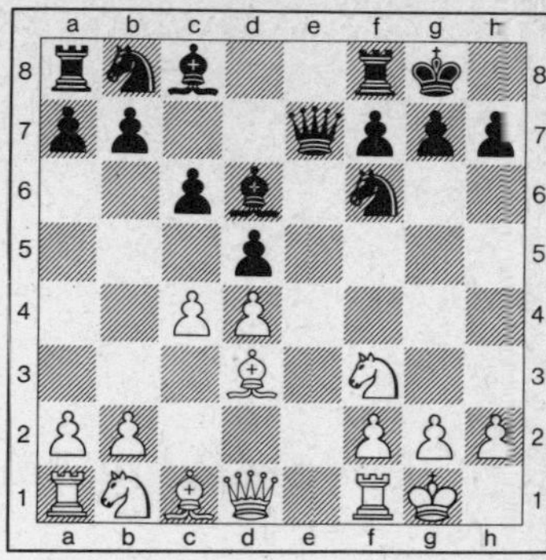

Weiß am Zug

1. **Tf1–** ☐ **De7–d8**
2. **Lc1–** ☐ **Sb8–d7**
3. **Dd1–** ☐ **Dd8–c7**
4. ☐

3. Kampf ums Zentrum (Weiß will d5 erobern).

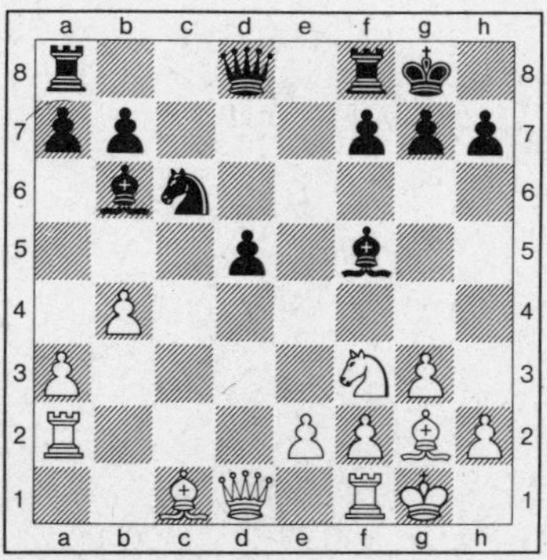

Weiß am Zug

1. **Ta2–** ☐ **Lf5–** ☐
2. **Lc1–** ☐ **Dd8–** ☐
3. **Dd1–** ☐ **Ta8–** ☐
4. **Tf1–** ☐ **Tf8–** ☐

4. Weiß gelingt der Durchbruch im Zentrum.

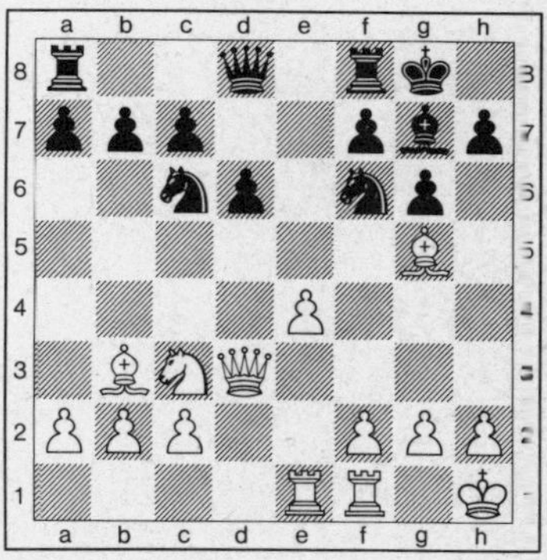

Weiß am Zug

1. ☐ **Dd8–c8**
2. ☐

1. 1. **b2–b3** **Sc4–b6**
Eine gutstehende Figur des Gegners wird vertrieben.
2. **Ta2–d2** **Sb6–c8**
Bauer d6 wird ein zweites Mal angegriffen.
3. **Sd1–e3** **Ta8–a6**
Der Springer wird aktiviert. Er ist unterwegs nach d5.
4. **Tf1–d1**
Die Turmverdoppelung auf der d-Linie richtet sich gegen den Bauern d6.
Wie könnte es weitergehen? Z. B.:
4. **. . .** **Ta6–c6**
5. **Se3–d5** **Lf6–g7**
6. **Lf4–g5** **Td8–d7**
7. **Sd5–f6+** **Lg7xf6**
8. **Lg5xf6** **Kg8–f8**
9. **Lf6xe5** **d6xe5**
10. **Td2xd8+**
und Weiß ist im Vorteil.

2. 1. **Tf1–e1** **De7–d8**
2. **Lc1–g5** **Sb8–d7**
Der Sf6 ist nun gefesselt.
3. **Dd1–c2**
Droht jetzt **Ld3xh7+**, weil der gefesselte Sf6 nicht nehmen kann.
3. **. . .** **Dd8–c7**
4. **c4–c5**
Oder 4. **Sb1–c3**
oder 4. **Sb1–d2**
Auf den Zug 4. **c4–c5** könnte folgen
4. **. . .** **Ld6–f4**
5. **Te1–e7**
Der Turm dringt ein und fesselt den Sd7.

3. 1. **Ta2–d2** **Lf5–e4**
Weiß greift den Bauern d5 an. Der Deckungszug **Lf5–e6** ist möglich, aber weniger aktiv (= ½).
2. **Lc1–b2** **Dd8–e7**
Die Dame macht den Türmen Platz. Möglich ist ebenso 2. **Dd8–d7**, **–d6** oder **–c7**.
3. **Dd1–b3** **Ta8–d8**
Gut für Weiß ist auch 3. **Dd1–a1** mit zweifachem Angriff auf g7. Schwarz müßte sich dann (statt mit **Ta8–d8**) mit **f7–f6** verteidigen. 3. **. . .** **Ta8–c8** geht auch.
4. **Tf1–d1** **Tf8–e8**
Weiß verdoppelt kraftvoll die Türme. 4. **Tf1–c1** = ½.
Weiß kann nun mit 5. **Sf3–d4** die Mitte weiter verstärken. Probieren Sie selbst!

4. 1. **f2–f4!** **Dd8–c8**
Schwarz hebt die Fesselung des Sf6 auf.
2. **e4–e5!**
Dieser Vorstoß verleiht den beiden weißen Türmen gewaltige Kraft. Mögliche Fortsetzung:
3. **. . .** **d6xe5**
4. **f4xe5**
Der Tf1 hat nun freie Bahn!
4. **. . .** **Sf6–g4**
5. **e5–e6!**
Der Te1 verlangt ebensolche.
5. **. . .** **f7xe6**
Bauer f7 wurde dreimal angegriffen. Schwarz tauscht ihn ab.
6. **Lb3xe6+**
Auch der Lb3 gewann an Kraft. Er »gabelt« König und Dame!
6. **. . .** **Kg8–h8**
7. **Le6xc8** **Ta8xc8**
Weiß hat Übermacht.

5. Der Plan von Weiß besteht darin, das Zentrum weiter zu verstärken. Eile tut Not, denn die schwarzen Figuren sind bereits auf der Damenseite (»Damenflügel«) aufmarschiert.

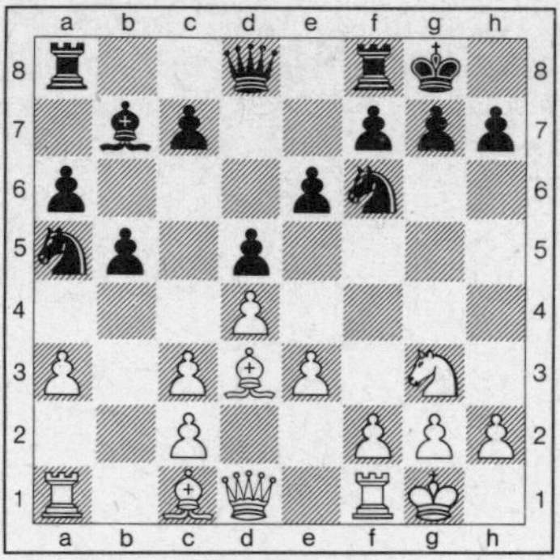

Weiß am Zug

1. [ ] **Ta8–c8**
2. [ ]

6. Auch hier ist die Verstärkung des Zentrums der richtige Plan für Weiß. Er kann dies aber in aller Ruhe tun, denn Schwarz ist noch nicht voll entwickelt.

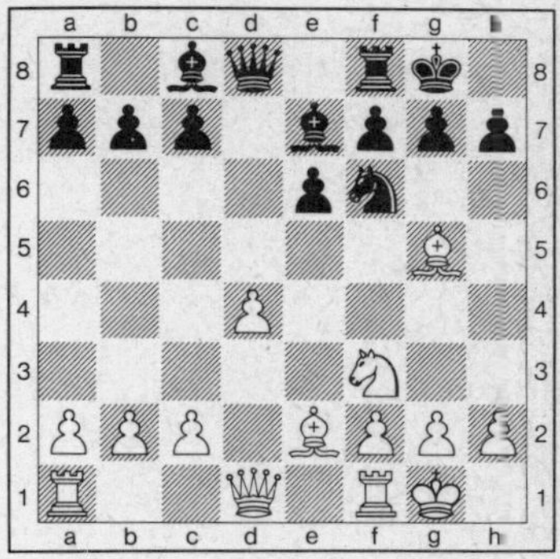

Weiß am Zug

1. [ ]

7. Weiß greift energisch im Zentrum an.

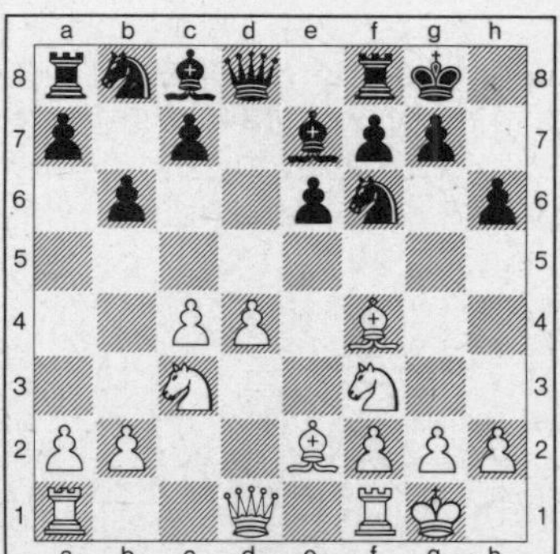

Weiß am Zug

1. [ ]

8. Auch hier verstärkt Weiß sein Zentrum. Wir erleben hier einen kombinierten Angriff mit Figuren und Bauern.

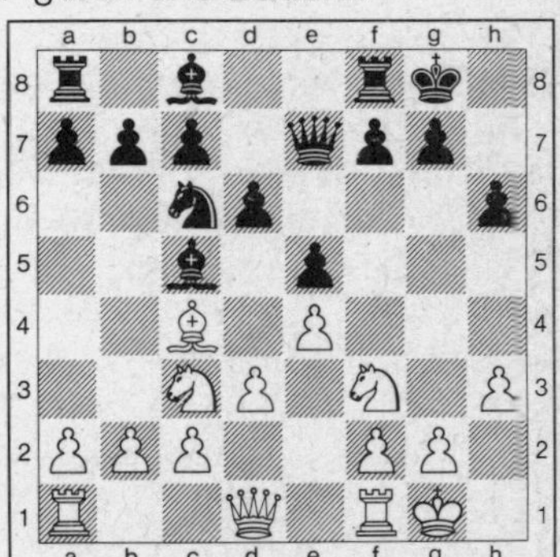

Weiß am Zug

1. [ ] **De7–d8**
2. [ ]

5. 1. **f2–f3!**
bereitet den Vorstoß **e3–e4** vor. Spielbar, aber weniger kräftig, sind 1. **Dd1–e2** = ½, oder 1. **Tf1–e1** = ½.

1. **...** **Ta8–c8**

bereitet den Gegenstoß **c7–c5** vor.

2. **e3–e4**.

Man beachte, wie Lc1 und Tf1 automatisch an Kraft gewinnen.
Es könnte folgen: 2. **... d5xe4?** (nun gewinnt der Tf1 noch mehr an Kraft. Besser ist sofort: 2. **... c7–c5!**) 3. **f3xe4 c7–c5**, 4. **Lc1–g5 c5xd4**, 5. **Sg3–h5!** (Die weißen Figuren versammeln sich am Königsflügel im Kampf gegen den Sf6.) 5. **... h7–h6**, 6. **Lg5xf6 g7xf6**, 7. **Dd1–g4+ Kg8–h8**, 8. **Dg4–g7** matt!

6. Weiß kann auf zweierlei Arten das Zentrum verstärken:
a) mit Figuren: 1. **Sf3–e5!** dann 2. **Le2–f3**, oder
b) mit Bauern: 1. **c2–c4!**, um in absehbarer Zeit den Vorstoß **d4–d5!** durchzudrücken.
Es könnte folgen: 1. **c2–c4 b7–b6**, 2. **Dd1–b3 Lc8–b7**, 3. **Ta1–d1 Dd8–c8**, 4. **d4–d5**, und die weißen Figuren werden beweglich.
Möglich, aber nicht so stark wie 1. **c2–c4!** oder 1. **Sf3–e5!**, sind 1. **Dd1–d2** = ½, oder 1. **Dd1–d3** = ½, oder 1. **Tf1–e1** = ½, oder 1. **Le2–d3** = ½, oder 1. **Le2–c4** = ½.

7. Richtige Lösungen sind:
1. **Sf3–e5**
1. **d4–d5!**

Weiß besitzt Raumvorteil im Zentrum. Es könnte folgen: 1. **d4–d5 e6xd5**, 2. **c4xd5 Lc8–b7**, 3. **Le2–c4 Sb8–d7**, 4. **Dd1–d4 Le7–d6**, 5. **Ta1–d1 Ld6xf4**, 6. **Dd4xf4 Tf8–e8**, 7. **Sf3–d4**. Weiß »zentralisiert« seine Figuren, um den Gegner weiter einzuschnüren.

8. Weiß zentralisiert zunächst seinen Springer und geht dann mit den Bauern vor:
1. **Sc3–d5** **De7–d8**
2. **c2–c3!**

Weiß hat nun die Auswahl, im folgenden mit **d3–d4** im Zentrum oder aber mit **b2–b4** am Damenflügel anzugreifen. Natürlich wird er seinen Plan von der Strategie des Gegners abhängig machen.

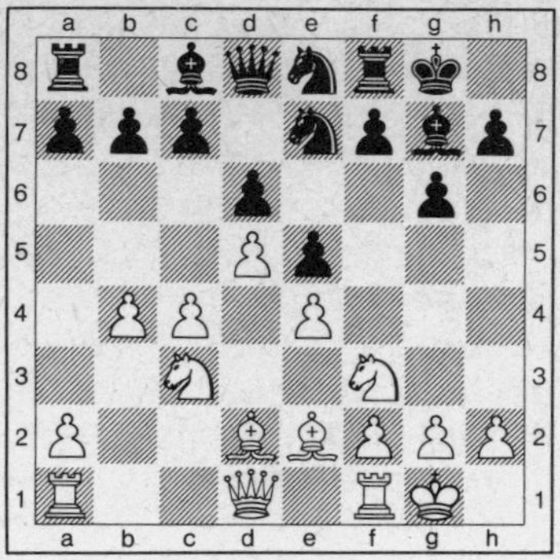

Die Stellung in diesem Diagramm zeigt eine besondere Situation. Die beiden Bauernketten e4–d5 (Weiß) und c7–d6–e5 riegeln das Zentrum vollkommen ab. Ein Durchkommen ist nur möglich, wenn das Zentrum gesprengt wird. Beide Spieler werden deshalb versuchen, das Zentrum von der Seite her anzugreifen.

9. Weiß am Zug

1.

10. Schwarz am Zug

1. ...

11. Schwarz ist gut entwickelt, doch sonnt sich der Weiße als stolzer Besitzer eines starken Zentrums. Wie kann Schwarz zum Gegenspiel kommen?

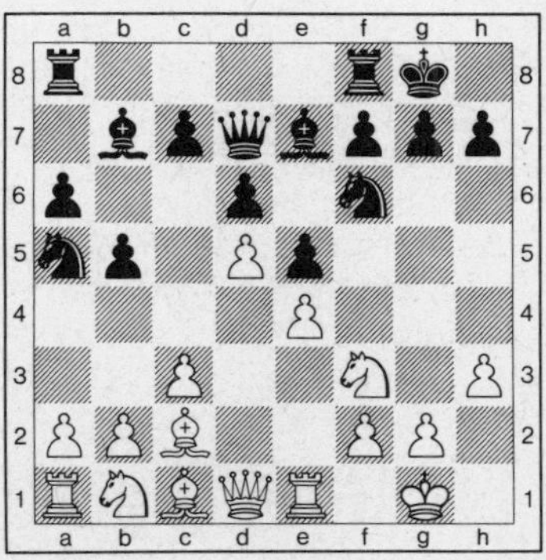

Schwarz am Zug

1. ...

12. Der Weiße plant mit **e3–e4!** das Optimalzentrum aufzubauen. Schwarz muß energisch antworten. Wie kann er das weiße Zentrum angreifen und zum Gegenspiel kommen?

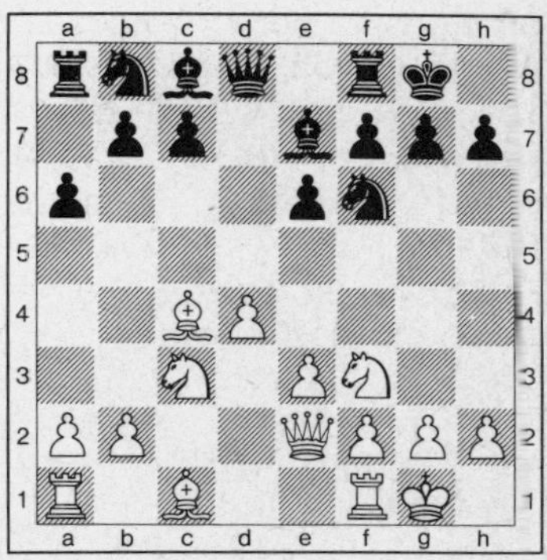

Schwarz am Zug

1. ...

2.

L

9. 1. **c4–c5!**
Weiß kann nun nach
a) 1. . . . **Lc8–g4**
(u. a.) mit
2. **c5xd6** **c7xd6**,
3. **Ta1–c1**
von der c-Linie Besitz ergreifen oder nach
b) 1. . . . **d6xc5**
mit
2. **b4xc5**
seine Zentrumsbauern **c5–d5** beweglich machen.

10. 1. . . . **f7–f5!**
greift die Basis der weißen Bauernkette an und verschafft dem Tf8 größere Bewegungsfreiheit. Möglich ist auch der Angriff auf die Spitze der weißen Bauernkette mittels 1. . . . **c7–c6** = 1/2. Der einfache Entwicklungszug 1. . . . **Lc8–g4** = 1/2 ist ebenfalls weniger stark.

11. 1. . . . **c7–c6!**
greift die Spitze der Bauernkette an und gibt dem Lb7 (nach 2. **d5xc6 Lb7xc6**) oder dem Turm (auf der c-Linie) mehr Bewegungsfreiheit.
Andere Möglichkeiten:
1. . . . **Ta8–c8** = 1/2,
1. . . . **Tf8–d8** = 1/2,
1. . . . **Ta8–d8** = 1/2,
1. . . . **c7–c5** = 1/2.

12. 1. . . . **b7–b5!**
2. **Lc4–d3** **c7–c5**
Schwarz greift gleichzeitig im Zentrum und am Damenflügel an.
Beispiel:
3. **Tf1–d1** **Sb8–d7**,
4. **e3–e4** **b5–b4**,
5. **Sc3–a4** **Lc8–b7**.

1. . . . **c7–c5!**
ist ebenfalls korrekt.

A

13. Weiß hat hier die Möglichkeit, mit **Tf1–e1** den Vorstoß **e3–e4** vorzubereiten, doch entschließt er sich zu einem Sturmlauf am Damenflügel.

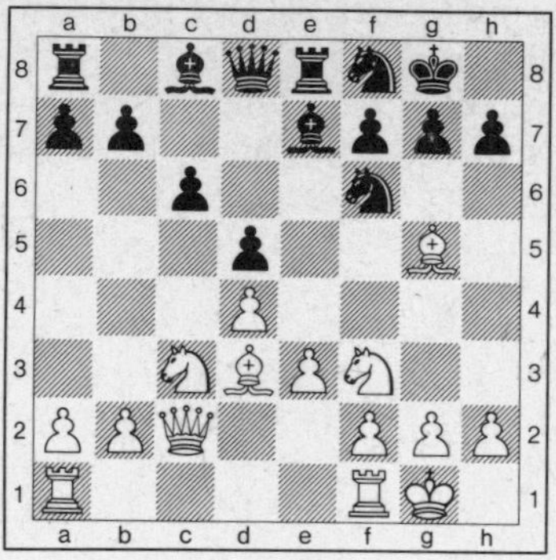

Weiß am Zug

1. **Ta1–b1** **Lc8–e6**
2. **b2–b4!** **a7–a6**
3. ____ **Sf8–g6**
4. ____

14. Weiß hat drei Möglichkeiten, einen Stein abzutauschen. Wie bewerten Sie die einzelnen Züge (gut, möglich, schlecht)?

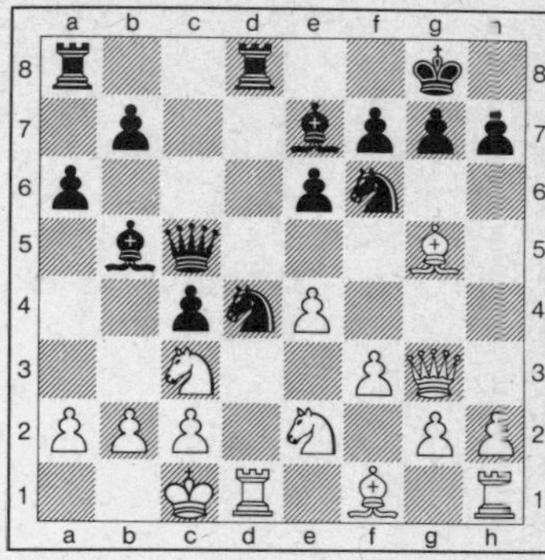

Weiß am Zug

1. **Sc3x** ____

1. **Lg5x** ____

1. **Se2x** ____

15. Weiß besitzt ein kräftiges Zentrum. Wie kann er seine Stellung weiter verstärken?

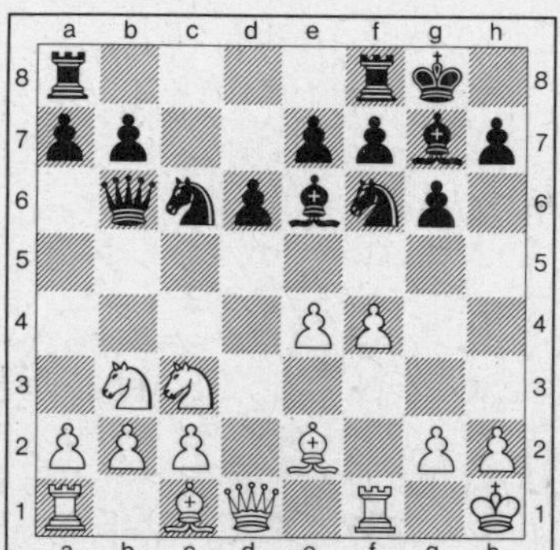

Weiß am Zug

1. ____ ____
2. ____

16. Mit **Ta8–c8** hatte Schwarz im letzten Zug eine Drohung aufgestellt. Welche?

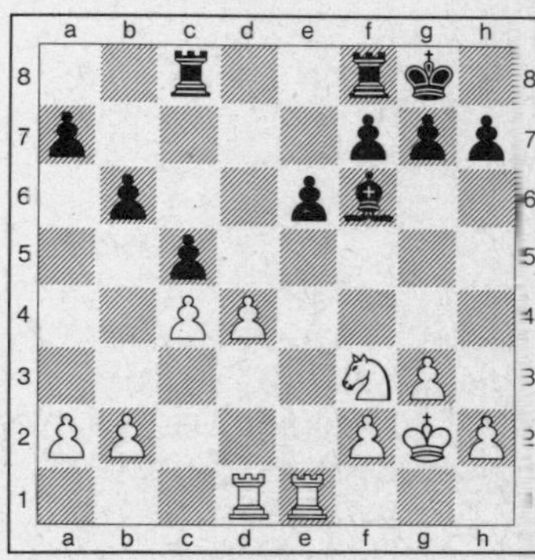

Schwarz am Zug

1. **...** ____
2. ____ ____

13. Der Angriff am Damenflügel ist hier berechtigt, denn Schwarz kann im Zentrum kaum aktiv werden.

3. **a2–a4!**

unterstützt den Durchbruch **b4–b5** nochmals.

3. **...** **Sf8–g6**

4. **b4–b5!**

Jetzt werden die weißen Türme lebendig, z. B. 4. **...** **a6xb5**, 5. **a4xb5** **c6xb5**, 6. **Tb1xb5** **Ta8–a7**, 7. **Tf1–b1** mit Druck gegen den Bauern b7.

14. 1. **Sc3xb5?**

ist schlecht; der gute Springer »opfert« sich für den momentan wirkungslosen Läufer.

1. **Lg5xf6**

ist möglich; die beiden Figuren waren etwa gleich in ihrer Wirkung.

1. **Se2xd4!**

ist gut; Weiß tauscht den starken Vorposten des Gegners ab, z. B. 1. **...** **Td8xd4**, 2. **Lf1–e2** **Ta8–d8**, 3. **Td1xd4** **Dc5xd4**, 4. **Th1–d1** und Weiß hat sich vom Druck der schwarzen Figuren befreit.

15. 1. **f4–f5** **Le6–d7** (u. a.)

Weiß verjagt den Le6 und macht dem Läufer c1 Platz.

2. **Lc1–g5**

Es könnte folgen:

2. **...** **Ta8–c8**,
3. **Lg5xf6** **Lg7xf6**,
4. **Sc3–d5** **Db6–d8**,
5. **Sd5xf6** **e7xf6**,
6. **Dd1xd6**.

Andere Möglichkeiten:

1. **Dd1–d3** = ½,
1. **Le2–f3** = ½,
1. **Le2–d3** = ½.

16. 1. **...** **c5xd4!**

öffnet dem Tc8 durch Abtausch die c-Linie. Gleichzeitig ist der weiße Bauer c4 angegriffen:

2. **Sf3xd4** **Tc8xc4**.

Schwarz wird in der Folge seinen Mehrbauern vorantreiben und versuchen, ihn in eine Dame zu verwandeln.

17. In dieser geschlossenen Stellung ist es wichtig, befreiende Bauernvorstöße durchzusetzen. Wie kann Schwarz den Vorstoß **e3–e4** verhindern?

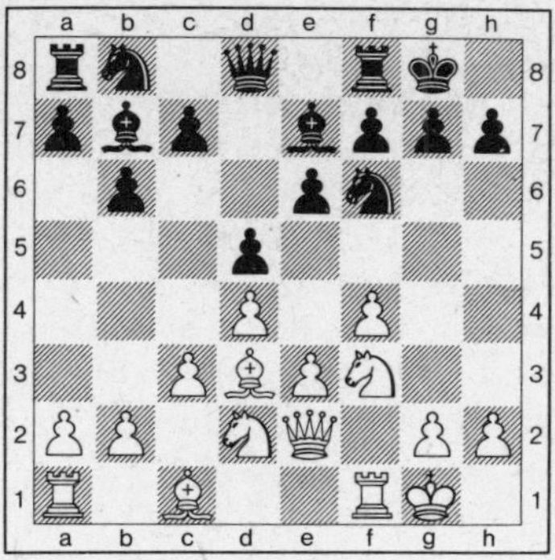

Schwarz am Zug

1. . . .

18. Königsangriff, Zentrumsangriff oder Angriff am Königsflügel – welcher dieser Angriffe ist hier angebracht? Mit welchen Zügen läßt er sich realisieren?

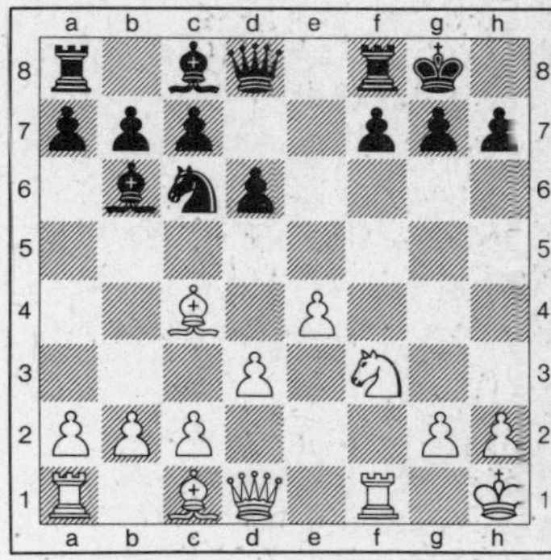

Weiß am Zug

1.   **Sc6–e5**
2.

19. Königsangriff, Zentrumsangriff oder Angriff am Damenflügel – welcher dieser Pläne ist hier angebracht?

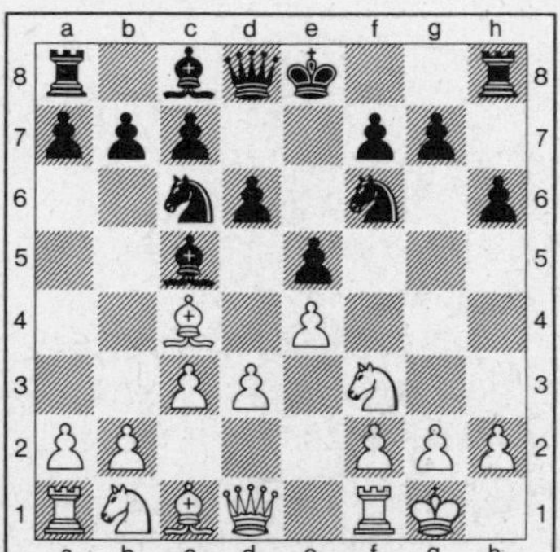

Weiß am Zug

-Angriff

1.

20. Königsangriff, Zentrumsangriff oder Angriff am Damenflügel – welcher dieser Pläne ist hier angebracht?

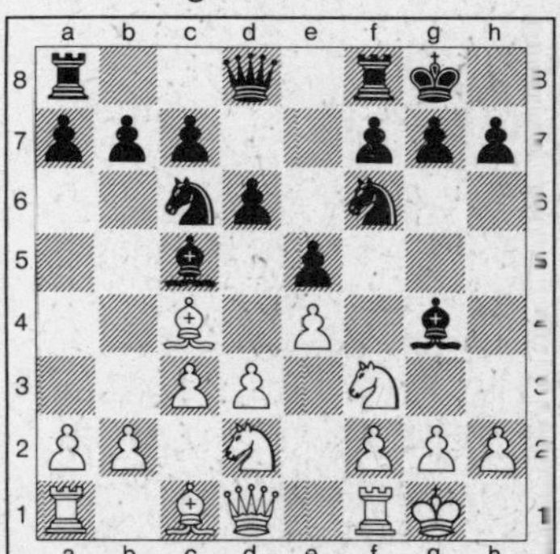

Weiß am Zug

-Angriff

1.

L

17. 1. **...** **Sf6–e4!**
blockiert den e-Bauern und hindert ihn am Vorrücken, z. B.
2. **Sd2xe4?** **d5xe4**
mit Bauerngabel, denn der Bauer ist vom Lb7 gedeckt.
Andere Möglichkeit:
1. **...** **c7–c5** = ½.

18. 1. **Sf3–g5!** **Sc6–e5**
Weiß hat f7 dreimal angegriffen ...
2. **Dd1–h5!**
... und greift ihn ein viertes Mal an. Deckt Schwarz mit 2. **... Dd8–e7**, so erfolgt das Matt: 3. **Dh5xh7!**
Andere Möglichkeiten.
1. **d3–d4** = ½,
1. **c2–c3** = ½,
1. **Lc1–f4** = ½,
1. **Lc1–g5** = ½.

19. 1. **d3–d4!**
Es könnte folgen: 1. **... Lc5–b6**, 2. **d4–d5** (oder 2. **d4xe5**).
Andere Möglichkeiten:
1. **b2–b4** = ½
Der Zentrumsangriff 1. **d3–d4** ist dem Angriff am Damenflügel vorzuziehen.
Oder:
1. **Dd1–b3** = ½.

20. 1. **b2–b4!**
Damenflügel-Angriff. Es könnte folgen: 1. **... Lc5–b6**, 2. **a2–a4 Dd8–d7?**, 3. **a4–a5** und der angegriffene Läufer hat kein Feld mehr.
Andere Möglichkeit:
1. **Sd2–b3** = ½
Der Zentrumsangriff 1. **d3–d4?** geht nicht. Prüfen Sie nach!

Bitte zählen Sie wieder alle richtigen Lösungen zusammen:

18–20 richtige Lösungen: Ausgezeichnet! Ich fürchte schon jetzt, auf einem Turnier von Ihnen besiegt zu werden!

14–17½ richtige Lösungen: Sehr gut! Sie haben die Grundzüge der Schachstrategie verstanden und sollten so bald wie möglich und so oft wie möglich Ihre theoretischen Kenntnisse beim praktischen Spiel erproben. Sehen Sie sich bei Gelegenheit nochmals Ihre Fehler in diesem Programm an!

9–13½ richtige Lösungen: Sie dürfen zufrieden sein; Sie haben die Grundzüge der Schachstrategie weitgehend verstanden. Gehen Sie das Programm übungshalber in einigen Tagen nochmals durch! Ihr theoretisches Wissen sollte nun möglichst oft durch die Spielpraxis ergänzt werden.

Weniger als 9 richtige Lösungen: Sie sollten die Übungen zum Thema Positionsspiel nochmals eingehend studieren. Bei der Wiederholung des Programms in einigen Tagen werden Sie dann keine Mühe mehr haben. Spielen Sie eine Schachpartie, so oft Sie Gelegenheit haben! Erst mit zunehmender Spielpraxis bekommt man den nötigen Überblick.

Abschluß-Testprogramm

In den vorangegangenen Lektionen haben wir Methoden kennengelernt, wie man Raumvorteil erlangen, beziehungsweise wie man Material gewinnen kann. Beim Abschlußtraining wollen wir noch üben, wie man eine Stellung, in der eine Partei bereits Material gewonnen hat, erfolgreich zu Ende führen kann.

An früherer Stelle gaben wir dazu zwei Anhaltspunkte:

1. die Angriffe noch verstärken oder
2. möglichst viele Figuren abtauschen.

Beide Methoden erscheinen erfolgversprechend. Der geschwächte Verteidiger wird einem materiell überlegenen Angreifer wenig entgegenzusetzen haben. Doch auch die zweite Strategie bietet gute Chancen, denn ein materielles Übergewicht kommt bei vollem Brett weniger zur Geltung als bei etwas gelichteten Figurenreihen.
Wir erläutern dies an einem Beispiel: Besitzt mein Freund 1000 DM und ich 1001 DM, so haben wir fast gleichviel. Hat er noch 1 DM und ich 2 DM, so bin ich bereits doppelt so »reich« wie er. Doch genug der Theorie – uns interessiert die Praxis!

Die Auflösungen der Aufgaben finden Sie ab Seite 111.

1. Weiß, im Besitz einer Mehrfigur gegen nur einen Bauern, möchte die Stellung vereinfachen. Wie muß er spielen, um möglichst viele Figuren abtauschen zu können?

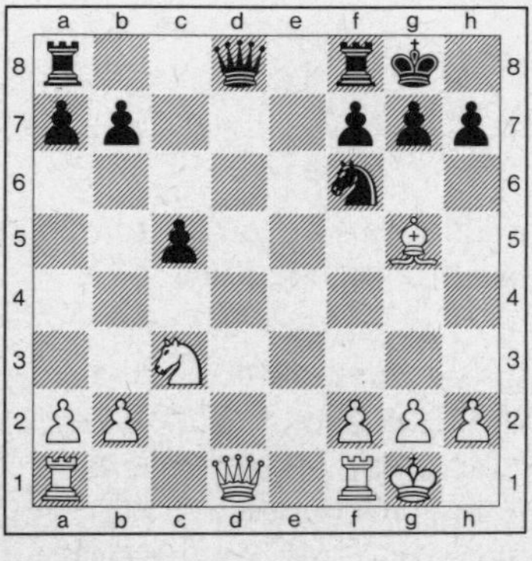

1. ______ ______
2. ______ ______
3. ______

Weiß am Zug

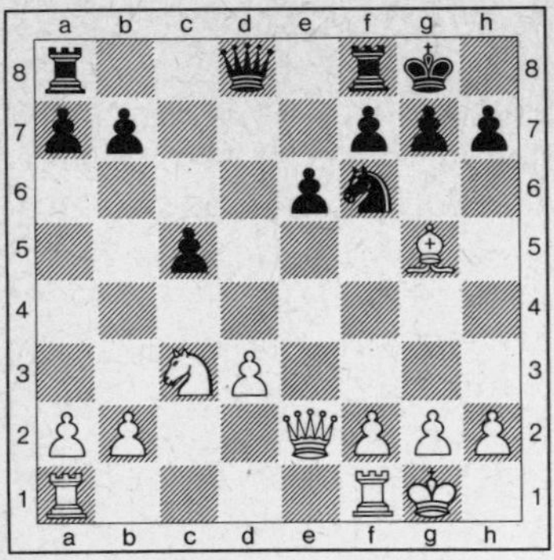

Weiß am Zug

2. Hier nutzt Weiß seine Mehrfigur zu verschärften Angriffen gegen den Punkt f6 aus.

1.	**De2–**	**b7–b6**
2.		**Tf8–e8**
3.		

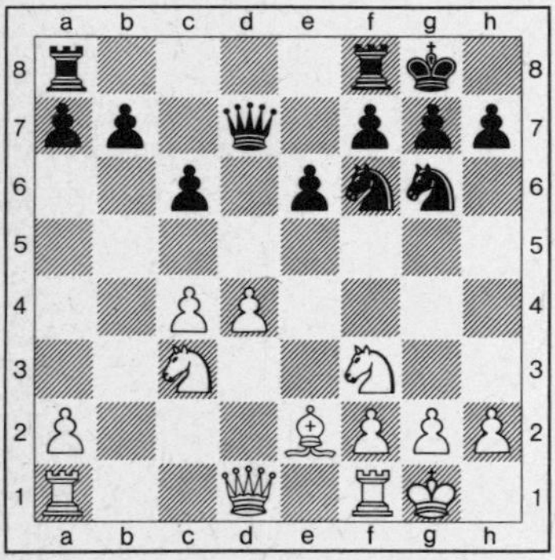

Weiß am Zug

3. Besitzt ein Spieler materielles Übergewicht, so kommt sein harmloses Tauschangebot schon einer Drohung gleich.

1. [ ]

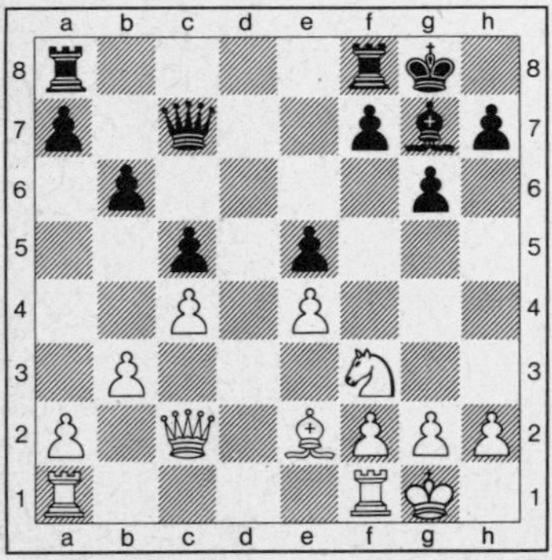

Weiß am Zug

4. Da Schwarz als der schwächere Teil Abtausch vermeiden will, kann Weiß hier seine Figuren wirkungsvoll zum Einsatz bringen.

1.		**Ta8–e8**
2.		**Te8–e7**
3.		

5. Hier besitzt Weiß den scheinbar kleinen Vorteil einer Mehrfigur gegen 2 Bauern, doch wird dies bei geschicktem Spiel zum Sieg reichen. Trotzdem ist die Sache nicht einfach, denn die weißen Figuren finden zunächst keine Angriffspunkte im gegnerischen Lager. Alle schwarzen Bauern sind gut gedeckt oder unangreifbar.
In dieser ersten Phase des Schlußangriffs wählt Weiß folgende Strategie: die Stellung aller Figuren wird soweit wie möglich verbessert, insbesondere auch die des Königs!

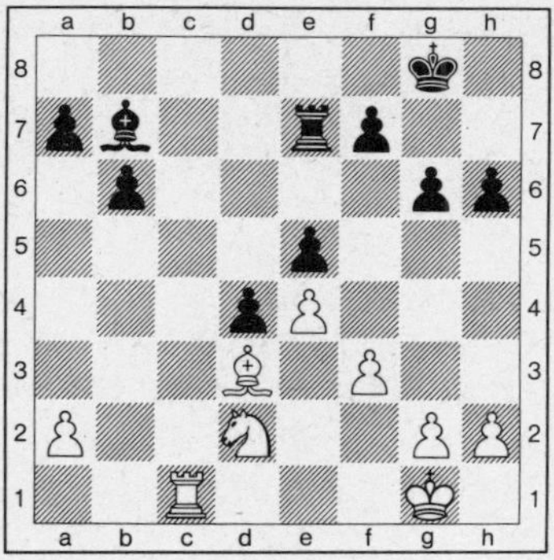

1.		**Kg8–g7**
2.		

Weiß am Zug

6. Nach ein paar weiteren Zügen sind wir bei Phase zwei angelangt: Weiß als der stärkere Teil muß sich Linien öffnen, um seinen Figuren größere Wirkung zu verleihen. Linienöffnung geschieht aber, wie wir bereits wissen, stets durch einen Bauerntausch.

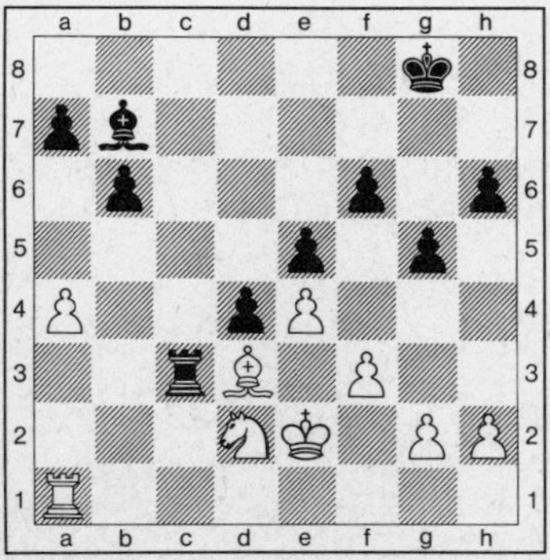

1.		**Kg8–g7**
2.		
3.		

Weiß am Zug

7. Man kann den Schlußangriff im allgemeinen in fünf Phasen einteilen:

① Die Figuren besserstellen.
② Linien öffnen.
③ Bauern des Gegners angreifen.
④ Einen Bauern zur Dame umwandeln.
⑤ Mit der Dame mattsetzen.

Wir sind im vorliegenden Diagramm offenbar bei Phase drei angelangt. Doch nicht immer lassen sich die einzelnen Phasen so klar trennen. Hier zentralisiert Weiß zunächst seinen König, bevor er weitere Angriffe startet.

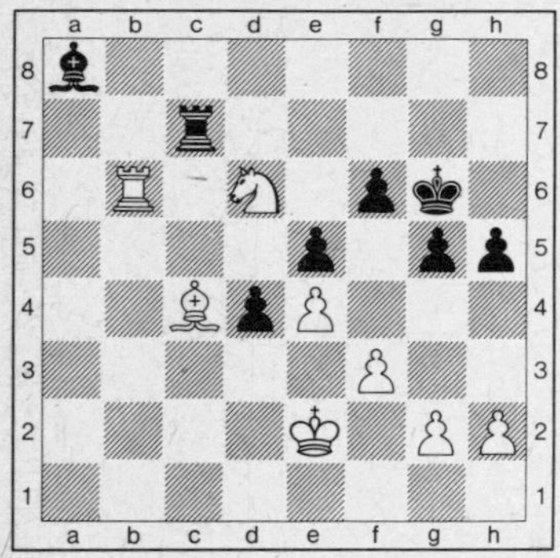

Weiß am Zug

1. **Ke2–d3** **h5–h4**
2. ☐ **Tc7–a7**
3. ☐

8. Weiß ist nun schon ein gutes Stück vorangekommen. Er versucht jetzt, einen Bauern bis zur 8. Reihe voranzutreiben, um ihn in eine Dame zu verwandeln.

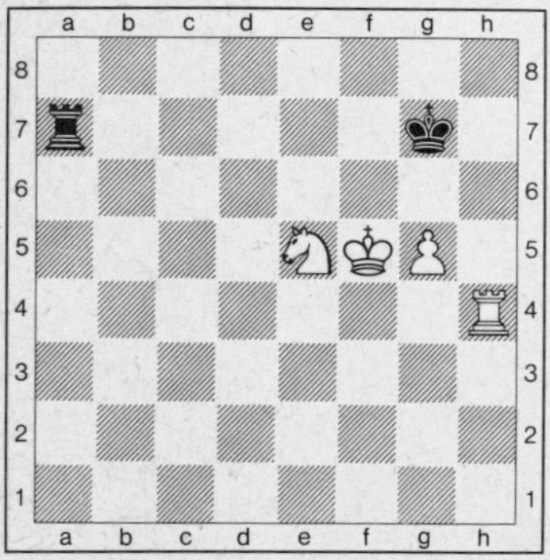

Weiß am Zug

1. ☐ **Ta7–a5**
2. ☐

9. Hier ist der weiße Bauer schon kurz vor dem Ziel. Es gilt nur noch den König des Gegners vom Umwandlungsfeld g8 zu vertreiben.
Die Frage ist nur wie!

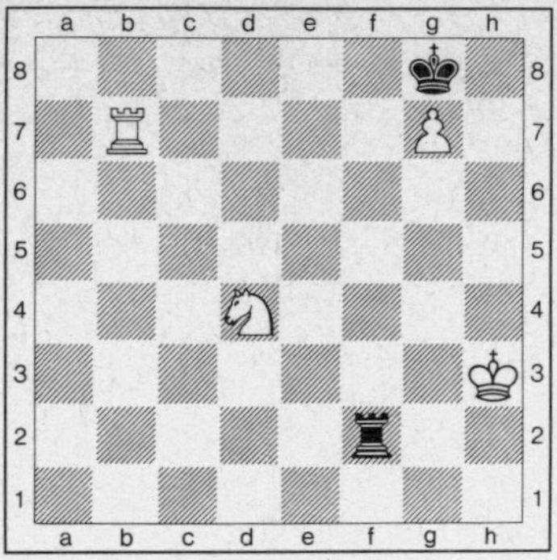

Weiß am Zug

1. ______ **Tf2–f3+**
2. ______ **Tf3–f6**
3. ______

10. Wir sind am Ende unserer Partie angelangt. Ihre Aufgabe besteht nur noch darin, das Matt in zwei Zügen zu finden! Probieren Sie ruhig ein paar Ideen aus, bis Sie die richtige Lösung gefunden haben.

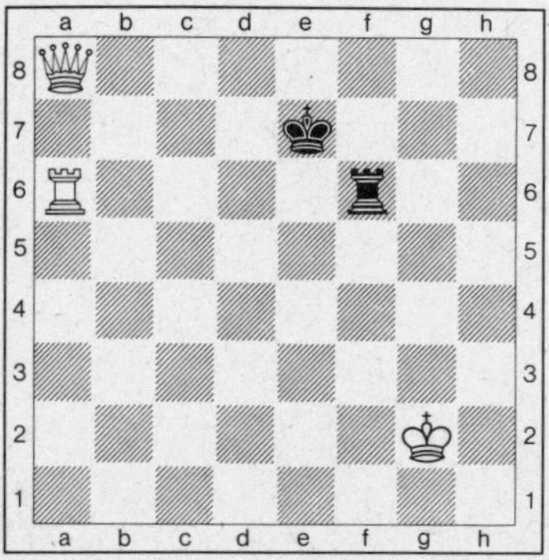

Weiß am Zug

1. ______ ______
2. ______ matt!

11. Um den Gegner nur mit König und Turm mattzusetzen, müssen wir ihn schon in eine Ecke zwingen. Auch der folgende »Zweizüger« ist nicht ganz leicht, deshalb zuvor ein Tip: lassen Sie den schwarzen König auf keinen Fall aus der Ecke entwischen!
Diagramm folgende Seite.

Weiß am Zug

1. [   ] [   ]
2. [   ] matt!

12. Noch einmal heißt es tüfteln! Nur mit einem raffinierten Trick läßt sich hier das Matt erzwingen. Lassen Sie auch hier den König nicht entwischen!

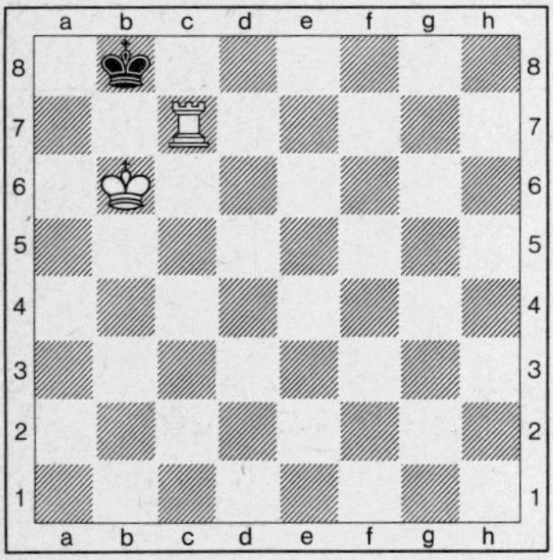

Weiß am Zug

1. [   ] [   ]
2. [   ] matt!

Bitte zählen Sie wieder alle richtigen Lösungen zusammen:

11–12 richtige Lösungen: Ausgezeichnet! Sie werden durch jede Schachpartie Ihr Können weiter vervollkommnen.

7–10½ richtige Lösungen: Sehr gut! Sie haben sich die Feinheiten des Spiels zu eigen gemacht. Durch regelmäßiges Partiespiel werden Sie bald auch die nötige Routine bekommen. Sehen Sie sich Ihre Fehler im Testprogramm nochmals an!

3–6½ richtige Lösungen: Sie dürfen zufrieden sein. Mit etwas mehr Spielerfahrung werden sich auch bald die ersten Erfolge einstellen. Gehen Sie noch einmal Ihre Fehler in den Testprogrammen durch.

Weniger als 3 richtige Lösungen: Da Ihre theoretischen Kenntnisse noch einige Lücken aufweisen, sollten Sie die Testprogramme noch einmal von vorn durchgehen. Im übrigen bringt naturgemäß erst eine größere Spielpraxis den nötigen Überblick über das Geschehen auf dem Schachbrett.

Auflösungen des Abschluß-Testprogramms

1. 1. **Dd1xd8** **Ta8xd8** (o. ä.)
2. **Lg5xf6** **g7xf6**
3. **Ta1–d1** oder 3. **Tf1–d1** oder 3. **Sc3–e4**.

Nach z. B. 3. **...** **Kg8–g7**, 4. **Td1xd8 Tf8xd8**, 5. **Tf1–d1 Td8x d1**, 6. **Sc3xd1** ist Weiß mit seinem Springer klar überlegen.

2. 1. **De2–f3!**

greift b7 an und drückt gegen f6. Oder 1. **De2–e5** = ½.

1. **...** **b7–b6**
2. **Sc3–e4!** **Tf8–e8**

Der gefesselte Springer darf nicht ziehen. Dank seiner Mehrfigur kann Weiß den Punkt f6 stürmen.

3. **Lg5xf6** oder 3. **Se4xf6**.

Es könnte folgen: 3. **Se4xf6+ g7xf6**, 4. **Lg5xf6 Dd8–d6**, 5. **Df3–g4+ Kg8–f8**, 6. **Dg4–g7** matt.

3. 1. **Sf3–e5!**
Zwingender als 1. **Le2–d3** = ½. Es könnte folgen: 1. **... Sg6x e5**, 2. **d4xe5 Dd7xd1**, 3. **Tf1xd1 Sf6–e8**, 4. **Td1–d7!** mit weiteren Angriffen auf die gegnerischen Bauern.

4. 1. **Ta1–d1** oder 1. **Tf1–d1**.
Will Schwarz seinem Gegner nicht die d-Linie für dessen Türme überlassen, so muß er mit 1. **... Ta8–d8** in weiteren Abtausch einwilligen.

1. **...** **Ta8–e8**
2. **Td1–d5** (u.a.)
2. **...** **Te8–e7**
3. **Tf1–d1**.

Auf etwa 3. **... Tf8–e8**, 4. **Dc2–d3! h7–h6**, 5. **Td5–d7** kann Weiß weiter tauschen und dringt zudem ins gegnerische Lager ein.

5. 1. **Kg1–f2** **Kg8–g7**
2. **Kf2–e2**.

Der König wird zentralisiert. 2. **Kf2–g3** = ½. Möglich sind auch 1. **Sd2–b3** = ½, 1. **Ld3–c4** = ½, 1. **Sd2–c4** = ½ oder 1. **Ld3–b5** = ½.

6. Mit 1. **a4–a5** kann Weiß seinen Turm zum Einsatz bringen.

1. **...** **Kg8–g7**
2. **a5xb6** **a7xb6**
3. **Ta1–b1** oder 3. **Ta1–a7**.

Wir sind nun zu diesem Zeitpunkt bei der 3. Phase des Schlußangriffs angelangt:
Angriff auf die gegnerischen Bauern, z.B. 3. **Ta1–b1 Tc3–c6**, 4. **Sd2–c4 Kg7–g6**, 5. **Tb1xb6 Tc6–c7**, 6. **Se4–d6** usw.

7. 1. **Ke2–d3** **h5–h4**
Der Läufer wird gedeckt, so daß es dem Springer möglich ist wegzuziehen.

2. **Sd6–e8!**

Doppelangriff auf Turm und Bauer f6.

2. **...** **Tc7–a7**
3. **Tb6xf6+** oder 3. **Se8xf6**.

Nach 3. **Tb6xf6+ Kg6–h7**, 4. **Tf6–e6** wird Weiß weitere Beute machen.

8. 1. **g5–g6** **Ta7–a5**
2. **Th4–h7+!**

Der blockierende König wird bedrängt, z.B. 2. **... Kg7–g8**, 3. **Th7–b7 Ta5–a2**, 4. **g6–g7** usw.

9. 1. **Sd4–e6!**
deckt den Bauern g7, so daß der weiße Turm wieder beweglich wird.

1. **...** **Tf2–f3+**
2. **Kh3–g2** oder 2. **Kh3–g4**
2. **...** **Tf3–f6**
3. **Tb7–b8+**

z.B. 3. **... Kg8–f7**, 4. **g7–g8D** und die Übermacht wird erdrükkend.

10. 1. **Da8–b7+!**
Dame und Turm sperren gemeinsam die 6. und die 7. Reihe und zwingen den König an den Rand.

1. **...** **Ke7–f8** (o. ä.)
2. **Ta6–a8** matt!

Während die Dame die Fluchtfelder sperrt, gibt der Turm schachmatt.

11. 1. **Kc6–b6!**
Dieser Abwartezug läßt dem gegnerischen König keine andere Wahl, als in die Ecke zu ziehen.

1. **...** **Kb8–a8**
2. **Tc7–c8** matt!

Der weiße König sperrt alle Fluchtfelder. Falsch wäre 2. **Tc7–a7+? Ka8–b8** und Weiß kommt zunächst nicht weiter.

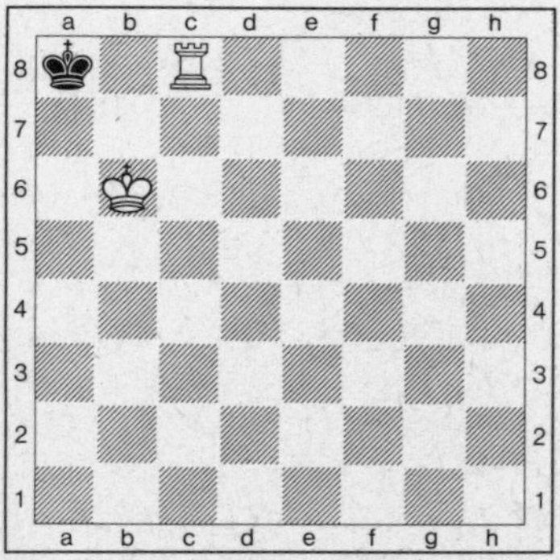

Charakteristisches Mattbild mit König und Turm

12. 1. **Tc7–c6!** (oder ein anderer Turmzug auf der c-Linie)
Mit diesem Abwartezug (Tempozug) wird der schwarze König in die Ecke gezwungen:

1. **...** **Kb8–a8**
2. **Tc6–c8** matt!

Schlußwort

Sie haben Ihren ersten Schachlehrgang erfolgreich durchgearbeitet. Theoretisches Wissen haben Sie nun mehr als viele routinierte Turnierspieler. Durch die zahlreichen Diagramme haben Sie auch bereits einige praktische Erfahrungen gewonnen.
Zunächst werden Sie über Ihre Spielerfolge etwas enttäuscht sein: es fehlt Ihnen noch an Spielübersicht. Manchmal übersehen Sie die einfachsten Dinge und verlieren deshalb vorerst ziemlich oft. Dies wird aber bald anders, wenn Sie erst eine Anzahl Partien gespielt haben.
Bewußt haben wir einige Bereiche der Schachtheorie ausgelassen: die Verteidigung und das Endspiel. Wir wollten für den Anfang nicht noch mehr Information hineinpacken. Um eine gute Partie zu spielen und Spaß am Spiel zu finden, reicht es allemal. Geplant ist ein zweiter und dritter Band, der nach genau derselben Lehrmethode das bisher Gelernte erweitert und vertieft.
Die meisten Übungen waren für Weiß zu lösen, um ein ständiges Umstellen zu ersparen. Für Schwarz gelten dieselben Strategien. Mitunter ist es aber ratsam, etwas vorsichtiger zu operieren, denn Schwarz ist ja immer einen Zug im Rückstand.
Zum Schluß noch einige Tips, wie Sie Ihre Schachkarriere beginnen oder fortsetzen können. Wiederholen Sie bei Bedarf die Kombinations- und Positionstests; auch das Mattsetzen mit der Dame bedarf erfahrungsgemäß einer Auffrischung!
Wer Studienmaterial sucht und sich für die neuesten Nachrichten in der Schachwelt interessiert, dem empfehlen wir eine der Schachzeitungen: »Deutsche Schachblätter« (Wodanstraße 78, 8500 Nürnberg), »Deutsche Schachzeitung« (Verlag de Gruyter, 1000 Berlin 30), »Schach-Echo« (6395 Weilrod 3), »Rochade« (Postfach 30 00 41, 6457 Maintal) und »Schach-Magazin 64« (Verlag G. Hinz, Westfalendamm 75, 4600 Dortmund 1). Man wird Ihnen gerne ein kostenloses Ansichtsexemplar zusenden.
Am schnellsten werden Sie die nötige Routine bekommen, wenn Sie einen Schachklub aufsuchen. Fassen Sie sich ein Herz, man wird Sie freundlich willkommen heißen und bestimmt werden Sie dort die richtigen Partner finden!

Anhang

Auflösung der Übungen

Übung 1: ☒ c4
☒ f5

Übung 2: Eine wirksame Strategie ist es, mit einem indirekten Angriff **Materialvorteil** zu erringen, um dann mit einem direkten Königsangriff den geschwächten König **mattzusetzen**.

Übung 3:

	Weiß	Schwarz
1.	**Kb2–b3**	**Kf6–g6**

Übung 4:

	Weiß	Schwarz
1.	**Ka1–b2**	**Kh8–g7**
2.	**Kb2–c3**	**Kg7–f6**
3.	**Kc3–d4**	**Kf6–e6**
4.	**Kd4–e4**	

Die Könige stehen sich gegenüber: man sagt »sie stehen in Opposition« (s. Diagramm).

4.	...	**Ke6–d6**
5.	**Ke4–f5**	**Kd6–c5**
6.	**Kf5–g6**	**Kc5–b4**
7.	**Kg6–g7**	**Kb4–a3**
8.	**Kg7–h8**	**Ka3–a2**
9.	...	**Ka2–a1**

Schwarz verliert also diesen Wettlauf, denn es werden 9 Züge benötigt.
Statt dessen hätte Schwarz seinen Gegner unter Nutzung der Opposition ebenfalls am Vormarsch hindern können: (siehe Diagramm)

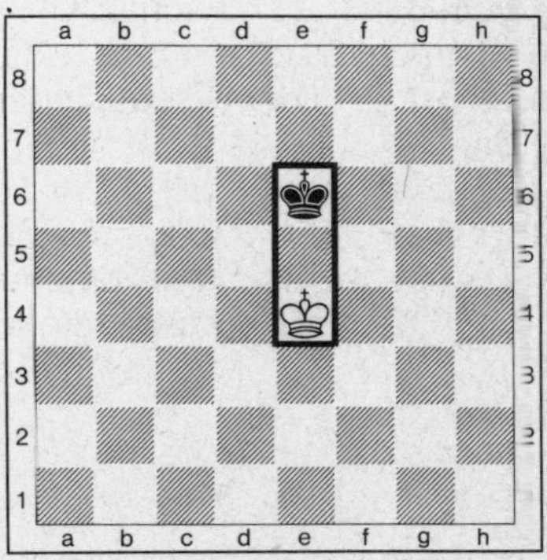

Die Opposition: beide Könige sind am Vormarsch gehindert

4.	...	**Ke6–f6**
5.	**Ke4–f4**	**Kf6–g6**

6. **Kf4–e5** **Kg6–g5**
7. **Ke5–e6** **Kg5–g6**

Es gibt kein Durchkommen für den weißen König. Hier muß das Spiel als unentschieden gewertet werden, da keiner der beiden sein Ziel erreicht.

Übung 5: Es gibt genau 7 richtige Lösungen.
Hier nur eine der möglichen Lösungen:
1. **Dd4–g4**
2. **Dg4–h3**

Übung 6:

Weiß	Schwarz
Dd2xb4	**De6xh3**

Übung 7:

A	B	C	D
Ka1–b1	**Kc1xc2**	**De1–f2**	–

In D ist keine Rettung möglich; alle Fluchtfelder sind versperrt und schlagen darf Weiß die Dame nicht, weil er dann in den Wirkungsbereich des weißen Königs käme. Die Dame ist von ihrem König »geschützt« oder »gedeckt«.

Übung 8:

A	B	C
‡	‡	–

Beachten Sie in A und B die aktive Rolle des weißen Königs, der die Dame deckt (A) bzw. dem anderen König die Fluchtfelder nimmt (B). In C liegt kein Schachmatt vor, denn Weiß hat ja nicht einmal Schach geboten! Trotzdem kann Schwarz nicht mehr ziehen, denn mit jedem Zug müßte er sich selbst in den Tod stürzen! Er ist patt.

Übung 9: Schwarz ist **patt**, der Partieausgang ist **remis**. Die Stellung wäre übrigens nicht patt, wenn Schwarz noch andere Figuren als den König hätte, mit denen gezogen werden könnte.

Übung 10: 12. **Dd7–b7‡** 12. **Dd7–a7‡**
12. **Dd7–c8‡** 12. **Dd7–d8‡**
12. **Dd7–e8‡**

Übung 11: Schwarz beginnt mit 1. **... Dg4–f5**.
Dieser Zug sperrt die 5. Reihe und die f-Linie. Danach gibt es eine ganze Reihe von verschiedenen Varianten. Falls Sie sich genau an die angegebene Methode gehalten haben, so haben Sie das Matt in weniger als 20 Zügen bewerkstelligt! Falls Sie

Mühe hatten, sehen Sie sich nochmals unser Beispiel an. Wenn Sie zu zweit spielen, machen Sie die ganze Übung nochmals mit vertauschten Rollen.

Übung 12:

Diagramm 13:		Diagramm 14:	
Weiß zieht	Weiß zieht	Weiß zieht	Weiß zieht
Tc4–a4 +	**Kg6–h6(h5)** +	**Tc4–b4** +	**Tg2–h2** !
oder	oder	oder	oder
Tc4–c1 +	**Kg6–f6(f5)** +	**Tc4–c1** +?	**Tg2–g7** +

In Diagramm 14, rechte Hälfte, kann Weiß mit **Tg2–h2** schachmatt setzen.

Übung 13:

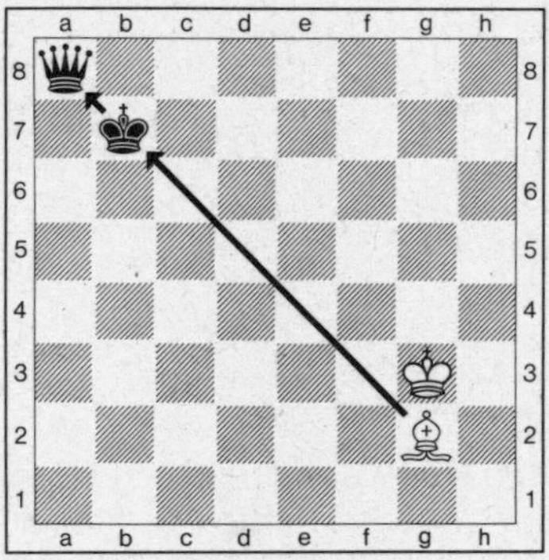

Stellung nach 1. **Lh3–g2+**.

1. **Lh3–g2+** ! **Kb7–b8** **(a7)**
2. **Lg2xa8** **Kb7xa8**

Weiß hat die Dame erobert und damit das Remis gesichert.

Übung 14:

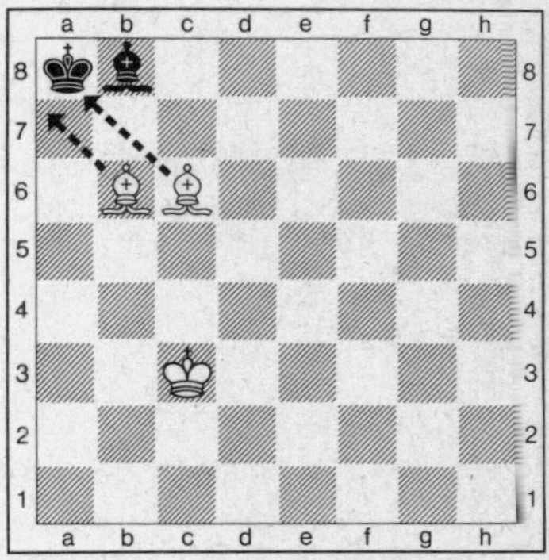

Stellung nach 1. **Lb5–c6**.

1. **Lb5–c6** ‡

Die beiden Läufer versperren gemeinsam alle Fluchtfelder. Allerdings steht dem König zusätzlich noch der eigene Läufer im Wege.

Übung 15: Von den Läufern in Diagramm 17 nennt man den Lb5 einen **weiß**-feldrigen Läufer, den Lb6 einen **schwarz**-feldrigen Läufer, den Lb8 einen **schwarz**-feldrigen Läufer.

Übung 16:

1. **Sc3–e4**
2. **Se4–f6**

1. **Sc3–a2**
2. **Sa2–c1**
3. **S c1–d3**
4. **S d3–e5**

Zum zweiten Beispiel gibt es mehrere richtige Lösungen, jedoch keine unter vier Zügen!

Übung 17: Es gibt eine ganze Reihe richtiger Lösungen. Die Aufgabe wird bei bestem Spiel in 6 Zügen gelöst.

	Weiß	Schwarz
1.	**Sa1–c2**	**Sh8–g6**
2.	**Sc2–d4**	**Sg6–e5**
3.	**Sd4–e6**	**Se5–d3**
4.	**Se6–g5**	**Sd3–c1**
5.	**Sg5–f7**	**Sc1–b3**
6.	**Sf7–h8**	**Sb3–a1**

Im 5. Zug darf der Springer nicht nach g7 (Weiß) bzw. b2 (Schwarz) gehen, denn dort hat der Springer keine Möglichkeiten in die Ecke zu kommen.

Übung 18:

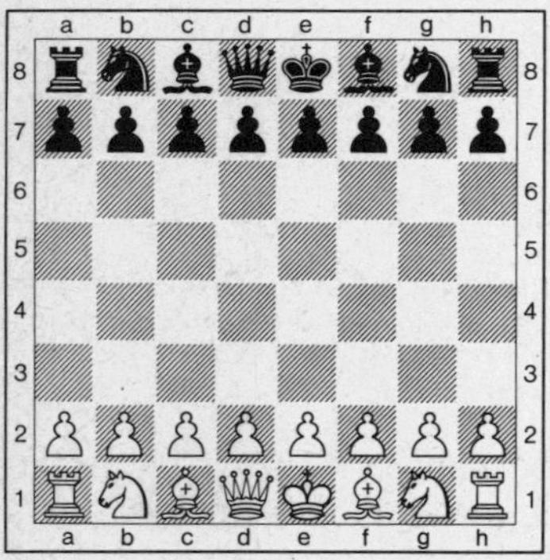

Übung 19:

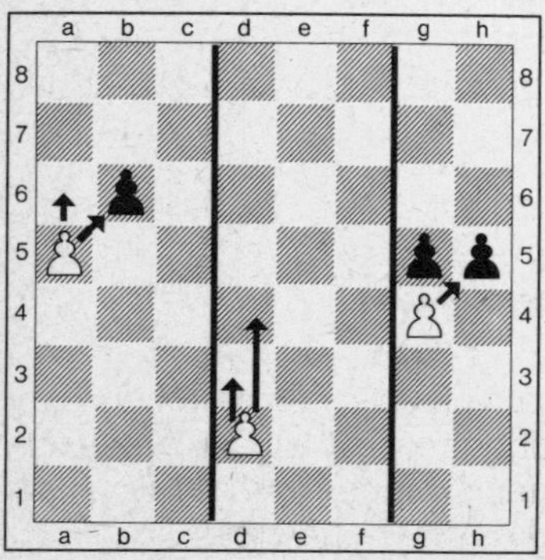

a5–a6	**d2–d3**	**g4xh5**
a5xb6	**d2–d4**	–

Der Bauer g4 kann im Beispiel rechts nur auf h5 schlagen; vorziehen kann er nicht, weil er vom Bauern g5 blockiert ist.

Übung 20: Das Schlagen »en passant« ist nur richtig im nächsten Zug, wenn der gegnerische Bauer 2 Felder vorgerückt ist.

Übung 21: Nur das Schlagen in der rechten Diagrammhälfte ist zulässig. Ist der gegnerische Bauer nur ein Feld vorgerückt – wie in der linken Hälfte –, so trifft die Regel nicht zu. Nach dem (zulässigen) Schlagen »en passant« entsteht folgende Stellung:

falsch
Das Schlagen »en passant« ist hier nicht zulässig!

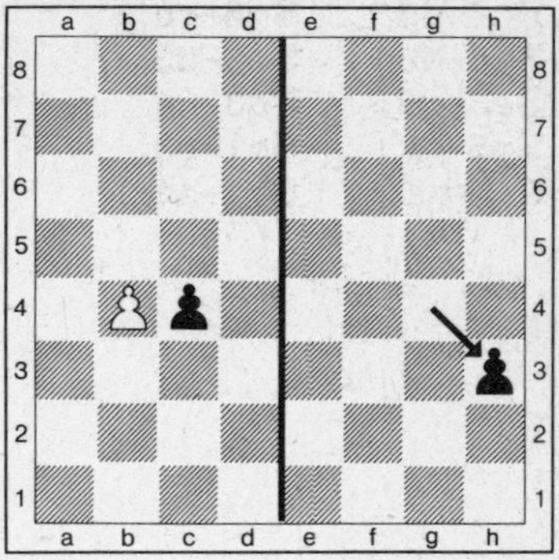

richtig
Der zwei Felder vorgerückte Bauer wird entfernt, der schlagende Bauer nach h3 gesetzt.

Übung 22: Die Möglichkeiten sind:

b7xc8D+ **b7–b8D** **b7xa8D**.

Der letzte Zug ist am besten, denn in den anderen beiden Fällen würde Schwarz im nächsten Zug mit dem Turm die weiße Dame unschädlich machen!

Übung 23: Die Rochade ist nicht möglich, weil der König im Schach steht. Wird das Schach abgewehrt, ohne daß der König zieht, z. B. mit **c2–c3**, so kann die Rochade im nächsten Zuge nachgeholt werden.

Übung 24: Die Rochade ist verhindert, weil der Läufer a6 das Feld f1 unter Beschuß hält und der König über dieses Feld nach g1 will. Wird der Läufer abgedrängt, etwa mit **d2–d3**, so kann Weiß auch hier die Rochade später nachholen.

Übung 25:

	Weiß	Schwarz
1.	**Te1xe8+**	**Dd8xe8**
2.	**Lf4xd6**	**c7xd6**
3.	**Lb5xc6**	**b7xc6**

Die Reihenfolge dieser Abtauschaktion darf natürlich auch anders lauten. Der Zug **Sc3xd5** dagegen wäre kein Abtausch, denn nach **Sf6xd5** hätte Weiß einen Springer verloren, Schwarz dagegen nur einen Bauern! Weiß kommt in Nachteil.

Übung 26:

1. . . . **e7–e5**:

② e5 und d4

2. . . . **Sb8–c6**:

② e5 und d4

3. . . . **Lf8–c5**:

① Bereitet 0–0 vor; ② Kontrolliert d4; ③ Entwickelt den L.

4. . . . **Sg8–f6**:

Bedroht den Bauern e4; ② Kontrolliert d5 und e4

5. **d2–d3**:

③ Bahn frei für Lc1

Übung 27:

		Weiß	Schwarz	
① — ② Zentrum e4, d5. ③ Bahn für Lf1.	1.	**e2–e4**	**e7–e5**	① Verhindert das Optimalzentrum. ② Zentrum e5, d4. ③ Bahn für Lf8.
① Bereitet **0–0** vor. ② Bedroht e5; Feld d4. ③ Entwickelt den S.	2.	**Sg1–f3**	**Sb8–c6**	① Deckt e5. ② Zentralfelder e5, d4. ③ Entwickelt den S.
Bedroht e5 ② Optimalzentrum. ③ Bahn für Lc1.	3.	**d2–d4**	**e5xd4**	① Rettet e5 (durch Tausch) ② — ③ —
① — ② Zentraler Springer. ③ —	4.	**Sf3xd4**	**Sg8–f6**	Bedroht e4 ② Zentrum e4, d5. ③ Entwickelt S.
① Schützt e4 ② Zentrum e4, d5. ③ Entwickelt S.	5.	**Sb1–c3**	**Lf8–c5**	Bedroht Sd4 ② Zentrum d4. ③ Entwickelt L.
Rettet Sd4 Bedroht Lc5	6.	**Sd4–b3**	**Lc5–b6**	① Rettet Lc5 ② — ③ —

Weiß: Kommentar	Zug	Weiß	Schwarz	Schwarz: Kommentar
① Bereitet **0–0** vor. ② Zentrum e4. ③ Entwickelt L.	7.	**Lf1–d3**	**0–0**	① Sichert den K. ② – ③ Entwickelt T.
① Sichert den K. ② – ③ Entwickelt T.	8.	**0–0**	**d7–d6**	① Verhindert **e4–e5**. ② Feld e5. ③ Bahn für Lc8.
① – ② – ③ Entwickelt L.	9.	**Lc1–g5**	**Lc8–e6**	① Verteidigt Feld d5. ② Zentralfeld d5. ③ Entwickelt L.
① – ② – ③ Entwickelt D.	10.	**Dd1–d2**	**Tf8–e8**	① – ② – ③ Entwickelt T.
① – ② – ③ Entwickelt T.	11.	**Ta1–e1**.		

Übung 28: Sicher haben Sie festgestellt, daß Weiß sehr gut gespielt hat, während Schwarz abwechselnd vernünftige und dann wieder ganz schlechte Züge gemacht hat.

	Weiß	Schwarz	gut	schlecht	Kommentar zum Zug von Schwarz
1.	**e2–e4**	**e7–e5**	x		
2.	**Lf1–c4**	**Sb8–a6**		x	Viel besser steht der Springer nach **Sb8–c6**!
3.	**Sg1–f3**	**d7–d6**	x		Deckt den Bauer e5.
4.	**0–0**	**Sg8–f6**	x		Entwickelt, bereitet **0–0** vor und bedroht Bauer e4!
5.	**Sb1–c3**	**h7–h5**		x	Ein sinnloser Zug! Besser **Lf8–e7**.
6.	**d2–d4**	**Sf6–g4**		x	Deckt e5, vernachlässigt aber die Entwicklung und das Zentrum. Besser **Lf8–e7** (nebst **0–0**) oder **e5xd4**.

7.	**Sf3–g5**	**Lc8–d7**	x	Mißachtet die Bedrohung von f7 durch Sg5 und Lc4. Besser **Sg4–h6**.
8.	**Lc4xd5+**	**Ke8–e7**	x	Der einzige Zug!
9.	**Sc3–d5+**	schachmatt		

Übung 29:
Eine von vielen Möglichkeiten ist die folgende Variante:

	Weiß	Schwarz		Weiß	Schwarz
1.	**d2–d4**	**d7–d5**	7.	**Dd1xd3**	**Lf8–e7**
2.	**Sg1–f3**	**Sb8–c6**	8.	**0–0**	**0–0**
3.	**Sb1–c3**	**Sg8–f6**	9.	**e3–e4**	**Dd8–d7**
4.	**Lc1–g5**	**Lc8–f5**	10.	**Ta1–d1**	**Tf8–e8**
5.	**e2–e3**	**e7–e6**	11.	**Tf1–e1**	**Ta8–d8**
6.	**Lf1–d3**	**Lf5xd3**			

Übung 30: Alle folgenden Züge sind gut:

① Sicherung: 4. **Lf1–e2**, 4. **Lf1–d3** oder 4. **Lf1–b5** nebst 5. **0–0**

② Zentrum: 4. **c2–c4** mit Angriff auf d5. Der Vorstoß **e3–e4** ist nicht möglich!

③ Entwicklung: 4. **Lf1–e2**, 4. **Lf1–d3**, 4. **Lf1–b5** oder 4. **Sb1–c3**.

Übung 31: Richtige Lösungen sind:

a) 3. **d2–d4**,
z. B. 3. **. . . c5xd4**, 4. **Sf3xd4** und das Feld d4 ist fest in weißer Hand.

b) 3. **c2–c3**
mit der Idee, erst jetzt 4. **d2–d4** zu spielen.

Übung 32: Schwarz bedroht Se5 und Bauer e4!
Weiß bringt den Springer in Sicherheit: 6. **Se5–f3 Dd4xe4+**.

Übung 33: 10. **Dd1–b3+**
bedroht **König** und **Springer** b4! Schwarz muß seinen König retten: 10. **. . . d7–d5**, 11. **Db3xb4** und Weiß hat sein ganzes Material zurückgewonnen! Zählen Sie bitte nach. Da Schwarz sein Rochaderecht aufgeben mußte, wird Weiß zufrieden sein.

Übung 34: 5. **d4–d5**!

Springer und Läufer werden »aufgegabelt«, nur einer kann sich retten, z. B. 5. **... Le6–d7**, 6. **d5xc6 Ld7xc6** und Weiß gewinnt einen Springer gegen nur einen Bauern.

Übung 35:

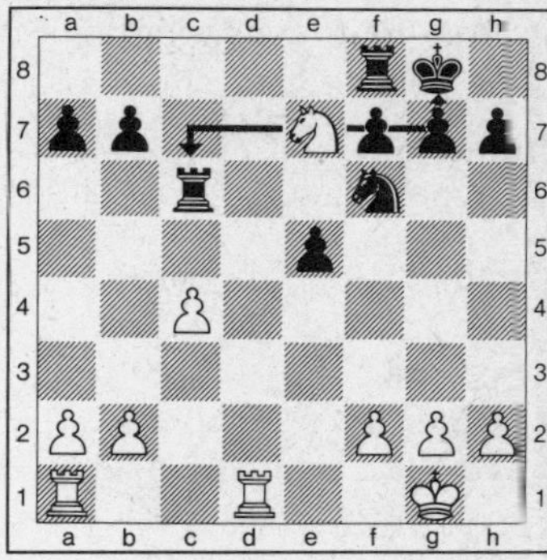

1. **Sd5–e7+**!

greift gleichzeitig König und Turm c6 an.

1. ... **Kg8–h8**
2. **Se7xc6** **b7xc6**

Weiß hat die Qualität gewonnen. Wir erinnern uns: dies ist der »Mehrwert« eines Turms gegenüber einer Leichtfigur (Springer oder Läufer).

Übung 36:

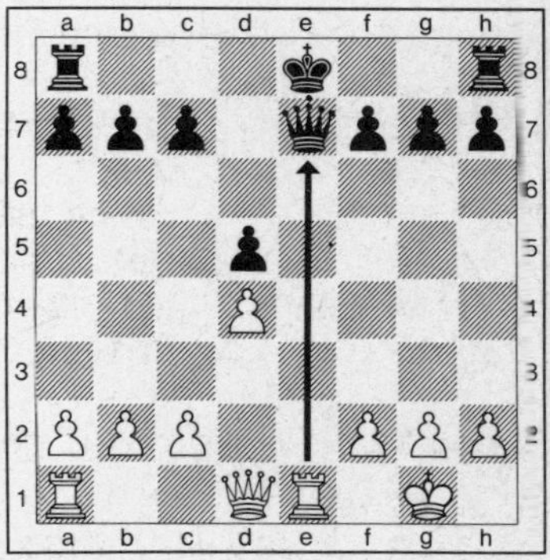

1. **Tf1–e1!**

fesselt die Dame. Diese muß stillhalten, um den König zu retten. Z. B.:

1. 1. ... **Ke8–f8**
2. **Te1xe7** **Kf8xe7**

Weiß hat die Dame für einen Turm gewonnen.

Übung 37: 6. **Lc1–g5**!

fesselt den Springer. Unangenehm daran ist, daß dieser seine Aufgabe, die Bewachung der Zentrumsfelder e4 und d5, nicht länger wahrnehmen kann!
Weiß wird konkret versuchen, den Angriff auf die gefesselte Figur zu verstärken.
Spielt Schwarz sorglos, so kommt es zu einer unbequemen Stellung.

6. **...** **d7–d6**
7. **Sb1–c3** **h7–h6**
8. **Lg5–h4!**

hält die Fesselung aufrecht.

8. . . . **a7–a6?**

erkennt nicht die drohende Gefahr!

9. **Sc3–d5!**

Der zweite Angriff auf den bewegungsunfähigen Springer.

9. . . . **Lc8–g4**

10. **Lg5xf6** **g7xf6**

Die schützende Bauernfront vor dem König hat ein Loch bekommen. Weiß nutzt dies aus und wirft seine Figuren nach vorn.

11. **Dd1–d2!** **Lg4xf3**

12. **Dd2xh6!** **Lf3–e2**

13. **Sd5xf6+**

Schwarz muß seine Dame geben, um dem Matt zu entgehen.

Übung 38: 5. . . . **0–0** !

Deckt den kritischen Punkt f7 und bringt »Seine Majestät« in Sicherheit. Falls 6. **Sg5xf7 Tf8xf7**, 7. **Lc4xf7+ Kg8xf7**, so hat Schwarz L+S gegen T+B kein schlechtes Geschäft gemacht.

Übung 39:

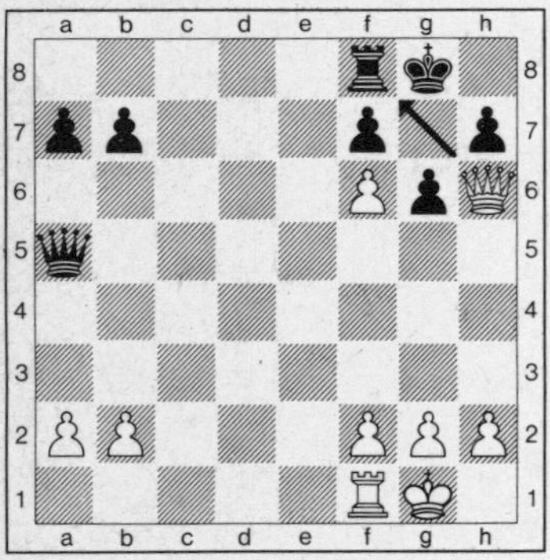

1. **De3–h6** !

Durch das Vorrücken des Bauern g7 nach g6 können weiße Steine auf f6 und h6 Stützpunkte finden.
Schwarz kann Punkt g7 nicht verteidigen!

1. . . . **Da5–h5** (u. a.)

2. **Dh6–g7** matt!

Man beachte die wichtige Rolle des Bauern f6!

Übung 40:

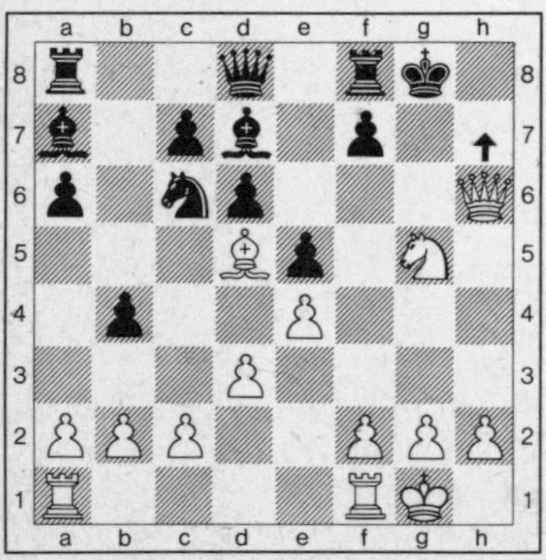

4. **Sf3–g5** ! (s. Diagramm)

droht das Matt mit **Dh6–h7** an. Dieses ist nur noch zu verhindern, wenn Schwarz mit seiner Dame den Springer schlägt und ohne Dame noch kämpfen will.
Auf andere Züge folgt z. B.:

4. . . . **Dd8–e7** (u. a.)

5. **Dh6–h7** matt!

Übung 41: Weiß kann seinem König durch Aufziehen eines der vorgelagerten Bauern ein »Luftloch« verschaffen:

1. **h2–h3** oder 1. **h2–h4**
1. **g2–g3** oder 1. **g2–g4**
1. **f2–f3** oder 1. **f2–f4**

Oder er verhindert gleich das Eindringen des gegnerischen Turmes mit seinem König:

1. **Kg1–f1**

oder mit dem Turm:

1. **Tc7–c1**.

Übung 42:

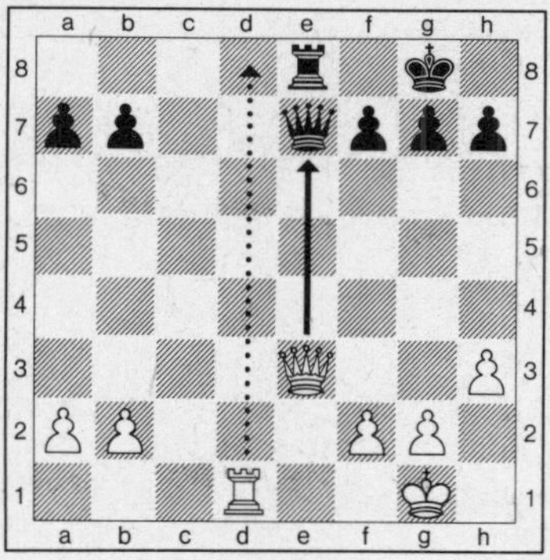

1. **De3xe7**!

lockt den Turm von der Grundreihe, die nun unbewacht bleibt.

1. . . . **Te8xe7**
2. **Td1–d8** und matt

im nächsten Zug!

Übung 43: Der abziehende Läufer kann ungestört agieren.

2. **Lb7xa8** und Weiß hat einen Turm gewonnen.

Übung 44: 3. **Lg5–d8** matt!

Schwarz hat trotz seiner gewaltigen Übermacht keine Rettung mehr.

Übung 45: 4. **Sh6–f7** matt!

Der schwarze Turm wurde gezwungen, sich so aufzustellen, daß er seinem König die Fluchtfelder verwehrt!

Übung 46: 3. **Dd3–h7** matt!

Erst mit der Beseitigung des Springers wurde die Mattdrohung wirksam!

Übung 47: Der schwarze Läufer ist vom Springer f6 gedeckt. Es gilt also das Pferd zu vertreiben:

1. **e4–e5** **Sf6–g4** (o. ä.)
2. **Td1xd7** mit Vorteil für Weiß.

Übung 48:

Weiß	gut	schlecht	
Kb1	☒	☐	Der weiße König steht sicher.
De2	☒	☐	
Td1	☒	☐	Der Turm drückt gegen Bauer d6.
Th1	☐	☒	**Th1–g1+** stellt ihn auf eine offene Linie.
Lf1	☐	☒	Der Läufer erhält erst nach **Lf1–g2** oder **Lf1–h3** eine Aufgabe.
Sc3	☒	☐	Der Springer deckt e4.

Schwarz	gut	schlecht	
Kg8	☐	☒	Mit **Kg8–h8** gewinnt er an Sicherheit.
Dd8	☐	☒	**Dd8–e7!** greift Bauer e4 nochmals an.
Ta8	☐	☒	**Ta8–c8** stellt den Turm auf eine offene Linie.
Tf8	☐	☒	**Tf8–e8** bedroht e4 ebenfalls.
Lc6	☒	☐	Belagert Punkt e4.
Sf6	☒	☐	Belagert Punkt e4.

Auf diese Weise lassen sich brauchbare Züge finden.

Übung 49: 1. **Dd2–c3** droht das Matt auf g7 (**Dc3xg7**).
5. **Dg3xg7** matt!

Übung 50:

1. **Lc1–f4**	**Lc8–b7**
Besser als **Lc1–e3** = ½.	Gut auch **Lc8–a6**. Schwächer ist **Lc8–d7** = ½.
2. **Tf1–e1**	**Le7–f6**
	Ebenso gut ist **Le7–d6**.
3. **Dd1–d2**	**Dd8–e7**
Evtl. geht auch **Dd1–e2**, **–c2**, **–d3**, **–b3** oder **–a4**.	Oder **Dd8–d7**. Die Dame macht den Türmen Platz.
4. **Ta1–d1**	**Ta8–d8**
Hier ist in der Folge eine Linienöffnung geplant.	Eine andere Idee ist **Ta8–c8**, um **c7–c5** zu spielen und die c-Linie zu öffnen.
5. **Sf3–e5**	**Tf8–e8**
Ein guter Stützpunkt!	Falls **Ta8–c8** geschah, so ist hier **Tf8–d8** gut.

6. c3–c4!

Plant den Vorstoß **d4–d5**, um die d-Linie für den Turm zu öffnen.

Schwarz ist in die Defensive gedrängt, steht jedoch fest und wird auf seine Konterchance warten.

Übung 51: 1. ... b5–b4

Vertreibt den Springer, der das Zentrum verteidigt.

2. Sc3–e2 Lc6xe4

mit Bauerngewinn für Schwarz: 3. **Ld3xe4 Sf6xe4**.

Übung 52: 1. **Dh4xd8 Tf8xd8**

Nicht besonders gut, denn der Tausch bringt den schwarzen Turm »automatisch« auf ein besseres Feld; also möglich bzw. schlecht.

2. **Sc3xe4 Lb7xe4**

Gut, denn der gut postierte Springer wird getauscht. Der dafür auftauchende Läufer hatte auf b7 fast dieselbe Wirkung.

3. **Lf4xb8 Ta8xb8**

Sinnlos und schlecht. Der gut stehende Läufer sollte nicht gegen den unentwickelten Springer getauscht werden.

4. **d4xc5 b6xc5**

Möglich oder sogar gut, denn nach evtl. 5. **Tf1–d1** besitzt der Turm gleich eine offene Linie.

Übung 53: Plan 1: Vorstoß einer Figur.

1. Sc3–d5!

Von hier ist der Springer nicht zu vertreiben. Würde er getauscht (1. ... **Sf6xd5**, 2. **e4xd5**), so taucht auf d5 ein Bauer auf, der den Sc6 vertreibt.

1. ... **Lc5–b6**

2. c2–c3

Weiß kehrt zu dem Plan zurück, mit **d3–d4** das Optimalzentrum aufzubauen. Jetzt oder nachher kommt auch der Tausch **Sd5xf6** oder **Sd5xb6** in Betracht.

Plan 2: Vorstoß eines Bauern.

1. Lc1–e3!

Sofortiges **d3–d4** war nicht möglich, daher wird der Vorstoß nochmals unterstützt.

1. ... **Lc5–b6**

2. d3–d4.

Der bewegliche Bauer d4 ist von explosiver Kraft. Schwarz muß ständig damit rechnen, daß Bauer d4 a) vorrückt oder b) auf e5 tauscht, um die d-Linie zu öffnen, oder c) die Stellung zunächst verstärkt wird, bevor er vorrückt oder tauscht.

Übung 54: Schwarz kann mit

1. ... **c7–c5!**

die Basis der Bauernkette d4—e5 angreifen, oder mit

1. ... **f7–f6!**

die Spitze der Bauernkette angreifen.
Nur wenn Schwarz das Zentrum »unterminieren« (schwächen) kann, wird er sich befreien können. In einem Weltmeisterschaftskampf Spasski—Petrosjan im Jahre 1966 folgte: 1. **... c7–c5!**, 2. **d4xc5 Lf8xc5**, 3. **Lf1–d3 Sb8–c6**, 4. **Lc1–f4 f7–f6!**, 5. **e5xf6 Sd7xf6**, 6.**0–0 0–0**, 7. **Sf3–e5! Lc8–d7**, 8. **Se5xc6 Ld7xc6**, 9. **Dd1–e2 Dd8–e7** und die beiden Kontrahenten einigten sich bald auf ein Remis.